教师专业发展丛书 中学数学教师卷

拔尖创新潜质生数学学习指导

主 编 郭青初 副主编 翟信旗 徐同烈

编 委（排名不分先后）

郭青初 翟信旗 徐同烈 郭科玺
徐杰霞 唐德峰 陈 邑 曾 刚
黄绪富 王光定 范 波 郑智琼
任劲松 曾友春 何 伟

华东师范大学出版社

图书在版编目(CIP)数据

拔尖创新潜质生数学学习指导/郭青初主编.—上海:华东师范大学出版社,2013.8
 ISBN 978 - 7 - 5675 - 1185 - 9

 Ⅰ.①拔… Ⅱ.①郭… Ⅲ.①中学数学课—教学研究
Ⅳ.①G633.602

中国版本图书馆 CIP 数据核字(2013)第 210545 号

拔尖创新潜质生数学学习指导

主　　编　郭青初
策划编辑　李文革
审读编辑　李文革
封面设计　黄惠敏

出版发行　华东师范大学出版社
社　　址　上海市中山北路 3663 号　邮编 200062
网　　址　www.ecnupress.com.cn
电　　话　021 - 60821666　行政传真 021 - 62572105
客服电话　021 - 62865537　门市(邮购)电话 021 - 62869887
地　　址　上海市中山北路 3663 号华东师范大学校内先锋路口
网　　店　http://hdsdcbs.tmall.com

印 刷 者　上海商务联西印刷有限公司
开　　本　700×1000　16 开
印　　张　11.75
字　　数　180 千字
版　　次　2013 年 10 月第一版
印　　次　2013 年 10 月第一次
书　　号　ISBN 978 - 7 - 5675 - 1185 - 9/G·6819
定　　价　26.00 元

出 版 人　朱杰人

(如发现本版图书有印订质量问题,请寄回本社客服中心调换或电话 021 - 62865537 联系)

目　录

不断深入推进拔尖创新人才学科培养体系的探索与建构

——《拔尖创新潜质生数学学习指导》序

当前世界各国竞争愈来愈激烈,形式上是经济和政治的竞争,实质上是人才和科学技术的竞争.人才竞争的关键是拔尖创新人才的竞争.各国清醒地认识到,拔尖创新型技术人才,世界顶尖级的科学家、人文学家,用常规教育模式是难以培养出来的.因此,拔尖创新人才培养的探索愈来愈受到世界各国的普遍重视.

《国家中长期教育改革和发展规划纲要(2010—2020)》提出:要"关心每个学生,促进每个学生主动地、生动活泼地发展,尊重教育规律和学生身心发展规律,为每个学生提供适合的教育",要"适应国家和社会发展需要,尊重教育规律和人才成长规律,深化教育教学改革,创新教育教学方法,探索多种培养方式,形成各类人才辈出、拔尖创新人才不断涌现的局面","探索贯穿各级各类教育的创新人才培养途径".规划纲要中还多处提到要因材施教,把全面发展与个性发展统一起来.教育部《普通高中课程改革方案》中明确提出:"大力推进教育创新,为造就一大批拔尖创新人才奠定基础."这就为个性化教育、拔尖创新人才培养提供了政策依据.

大学是拔尖创新人才培养的主阵地,但学生的创新意识和创新精神却是在基础教育阶段就开始形成的.由于中学生可塑性强,潜力巨大,所以在中学阶段对拔尖创新潜质学生(以下简称创新潜质生)的发现和科学培养具有非常重大的意义.而高中阶段正是学生个性形成、自主发展的关键时期,普通高中在拔尖创新人才的发现、培养和输送方面,担负着更重要的使命.新课程要求采用自主探索、互助合作、感受体验、主动建构、综合实践、发现创造等学习方式,加强学生数学综合素质教育和创新能力培养,促进学生思维能力、创新能力的全面发展.

为此,学术界纷纷开展相关研究和探索.先有北京市八中自办的少年班,人大附中的少年科学院等创新人才培养实践,而后北京市教委成立北京青少年科技创新学院,用"翱翔计划"确定了"以高中阶段学生为主要对象,以创新人才选拔与培养为宗旨,以课程学习与研究性学习相结合、高中与大学课程相互兼容、'翱翔计划'学习与高等教育学习相衔接、国内与国际课程学习相整合为主要培养方式,以创建新型人才培养制度为保障的拔尖创新人才培养模式".该计划显著增强学生的科学知识基础、实践能力、人文素养和国际视野,成就了一批社会主义建设事业需要的拔尖创新人才.浙江温州大力推进"小数学家"、"小科学家"、"小文学家"培养计划,以"一校一品牌,一校多特色"为策略,侧重于小学生和初中学生参加这样的科技活动.深圳中学大力利用校外资源,建立五大创新中心,即深圳中学—华大基因创新体验中心、深圳中学—华为创新体验中心、深圳中学—腾讯创新体验中心、深圳中学—比亚迪创新体验中心、深圳中学—麻省理工发明与青年物理学家比赛体验创新中心,依托中心建设的硬软件,培养科技方面的创新人才.启东中学以兴趣小组作为培养中学拔尖人才的主阵地.东北育才集团成立"创新实验班",打破传统的教学模式,不把眼睛盯在分数上,着力培养学生的创新精神.创新大赛或学科竞赛等都瞄准偏才、怪才,创新实验班成为自主招生的直通车.绵阳南山中学成立"学术探究型"与"动手技能型"两大类六个分项目的"拔尖创新人才培养实验班",学术探究型分为数、理、化、生、信息学五大学科奥赛兴趣班,动手技能型分为机器人科技创新兴趣班、艺术创意兴趣班、教体结合的网球拔尖人才培训基地,为学生配备学业导师(教练)和成长规划导师,进行全程性全方位的指导和培养.

通过对上述地区、学校的创新人才培养实践的分析,我们发现它们地处政治经济文化发达地区,依托大学、科研院所,在科技创新人才培养方面具备十分优越的资源条件,大多数学校以各类竞赛、制作发明、科学实验让学生经自主招生入名校而获得社会认同.但以数学学科的学习方式培养学生的创新思维和实践能力的具体做法还未见报道.欠发达地区远离高校院所,远离发达城市,文化、经济相对落后,拔尖创新型人才稀缺,对这些地区的创新潜质生的培养方法进行研究,有利于促进区域教育均衡发展.在此背景下,《拔尖创新潜质生数学学习指导》应运而生.

本书共分八章,以建构主义教育理论、多元智能理论、学习心理学、教学原则为指导,分别从思维品质、思维习惯、非智力因素和学习方法等多角度,系统探讨了影响创新潜质生数学学习的非智力因素、创新潜质生的数学思维模式、创新潜质生的数学创造性思维培养、创新潜质生的数学直觉思维培养、创新潜质生应具备的解题素养、创新潜质生解题后的反思习惯培养、创新潜质生的数学学法指导等重大课题,重点研究创新潜质生的测试、甄别,创新潜质生的兴趣特点、思维特点,创新潜质生的数学学习方法状况分析,创新潜质生的数学学习方法指导策略,总结了创新潜质生培养的一般规律和一般方法.

由于本书论述的只是创新潜质生培养的一种探索和尝试,若干重要问题还有待深入研究,我们希望各位专家同行批评指正.

编者

第一章

....

数学学习指导概述

第一节 常用的数学学习理论

一、国外现代学习理论

(一) 现代认知结构论的学习观

美国当代最著名的认知心理学家的代表人物是布鲁纳和奥苏贝尔. 他们认为学习中存在一个认识过程,学习是通过认知,获得意义和意向,形成认知结构的过程,是认知结构的组织与重新组织. 他们所谓的认知结构,是知识信息借以加工的依据,可以简单地认为是头脑中形成的经验系统. 人的认知活动按照一定的阶段顺序形成,发展成对事物结构的认识后,就形成认知结构. 其组成部分包括一套知觉范畴、比较抽象的概念、主观臆测或期望等. 新的信息就是根据上述这些组成部分被加工整理的. 在学习中,那些新的观念、信息、经验等新的事物,或者同化于原有知识结构,或者改组、扩大原有的知识结构,产生新的范畴,借以包括新的知识信息.

1. 布鲁纳的"认知—发现"学习理论

布鲁纳认为,学习就是类目及其编码系统的形成. 一个类目意指一组有关的对象或事件,它可以是一个概念,也可以是一条规则. 他主张,应当向学生提供具体的东西,以便"发现"自己的组织(编码系统). 布鲁纳的学习理论强调理解的作用,强调认知结构与教材基本结构的结合,强调学习者的主动性、独立性. 他认为, 学习者是通过认识、理解来掌握知识, 获得对事物的反映的. 他还强调内部动机对学习的影响. 布鲁纳在学习上主张"发现学习". 他认为, 学习者在一定情境中, 对学习材料的亲身经验和发现的过程, 才是学习者最有价值的东西.

布鲁纳有四条数学学习原理: ①结构原理; ②符号原理; ③比较和变式原理; ④关联原理. 所谓结构原理, 是指学生开始学习一个数学概念、原理或法则时, 要以最合适的方法构建起结构. 所谓符号原理, 是指如果学生掌握了适合于他们智力发展的符号, 那么就能在认知上形成早期的结构. 比较和变式原理则表明, 从概念的具体形式到抽象形式的过渡, 需要比较和变式, 要通过比较和变式来学习数学概念. 而关联原理, 是指应把概念、原理联系起来, 在统一的系统中学习.

2. 奥苏贝尔的"认知—接受"学习理论

奥苏泊尔提出的认知学习论, 旨在讨论他所称的"有意义言语学习". 他认为, 学生在校学习, 主要是通过言语形式理解知识的意义, 接受系统的知识. 意义学习是和行为主义的机械学习相对立的. 意义学习是掌握事物的意义, 把握事物内部的实质性联系与其他事物相联系的反应的一些部分, 因为它引起了"意识内容"中与该事物相当的一个映象. 一个刺激或一个概念必须在人的"意识"中具有可与之相等的"重要东西"时才有意义. 这个"重要东西"被称之为认知结构. 在一个人的"意识"(或头脑)中, 认知结构是由或多或少有组织的、稳定的概念(或观念)组成的. 奥苏泊尔的一个与认知结构观念相联系的主张是: 教学的进行应当由最一般的、范围广的概念到具体而详细的例证(这正好同布鲁纳的主张相反).

奥苏泊尔认为, 学习过程是在原有认知结构基础上, 形成新的认知结构的过程; 原有的认知结构对于新的学习始终是一个最关键的因素; 一切新的学习都是在过去学习的基础上产生的, 新的概念、命题等总是通过与学生原来的有关知识相互联系、相互作用的条件转化为主体的知识结构.

布鲁纳和奥苏泊尔都认为, 学习是认知结构的组织和再组织, 都强调原有认知结构的作用, 也强调学习材料本身的内在联系. 对于如何获得新的意义和理解的过程, 两人强调的重点有所不同, 布鲁纳强调学生的发现, 而奥苏泊尔则强调接受. 但不论是发现学习或接受学习,都是积极主动的过程. 他们两人都重视内在的动机与学习活动本身带来的内在强化作用.

旧的认知论建立在动物心理学的研究基础上,它所指的认知实际上是知觉水平的认知,故难以直接应用于人类课堂学习情境中,对实际教学作用不大;而现代认知论建立在研究人类课堂情境中的学习的基础上,它所指的认知达到了抽象思维水平,因此比较符合教学实际,能比较满意地解释抽象的语言材料的学习.

现代认知学习理论启示我们,要重视内部动机对学习的作用;要创造条件在学习过程中进行探究、猜测和发现;要重视"结构"教学;在输入新知识信息时,必须注意原有的知识水平和认知水平;要重视发展与培养自己的"顿悟力";要重视培养学生自我检查、自我评价的能力.

(二) 加涅的"信息加工"学习理论

把学习看做信息的加工和贮存,乃是近代认知心理学家最为强调的一个观点,它是现代认知派学习观的一个新动向、新发展.

1. 学习与记忆的信息加工模式

来自环境的刺激从感受器输入到感觉记录器(非常短暂的记忆贮存),然后进入短时记忆,最长大约可以持续 30 秒. 如果学习者进行复述的话,信息能在这里保持稍长的时间. 随后,将信息编码贮存,并且进入长时记忆里. 长时记忆被假设为永久的贮藏仓库. 短时记忆与长时记忆的功能不同. 经过短时记忆到达长时记忆的信息可能恢复而回到短时记忆中去. 例如,当新的学习需要部分回忆起先前习得的某些事物时,就必须从长时记忆中检索出这些事物,重新回到短时记忆中去. 贮存在短时记忆或长时记忆中的信息恢复后,就到达反应发生器. 反应发生器把信息转换成新的行动,也就是激起效应器的活动,作用于环境. 在这个模式中,"执行控制"与"预期"是两个重要的结构,它们可以激化或改变信息流的加工. 前者起调节作用,后者起学习定向作用.

2. 加涅的"学习行动各加工阶段"的理论

加涅认为,参照以上学习与记忆模式可以揭示出学习的各个内部过程. 有些过程如注意、选择性知觉(简称为选择)、行为表现是人们熟知的,有些过程如编码和检索则是现代认知学习理论中的重要部分.加涅根据对学习过程的"信息加工"分析,提出了学习行动的八个加工阶段(可称为学习过程结构的八级阶梯模式):动机、选择、获得、保持、回忆、概括、作业、反馈.

加涅把学习定义为:"学习是人的倾向或能力的变化,这种变化能够保持且不能单纯归因于生长过程."他认为人的学习过程类似于计算机的操作,提出了学习的"信息加工"理论.他把学习看成一个不断复杂、不断抽象的模式体系,在这个体系中,基础的、大量的是原有知识经验的联结.在学习新知识时,新的信息输入进来,和原有的经验相联系,并对其进行强有力的条件化(信号化而形成条件联结),由此就形成了一个在意义上、态度上、动机上和技能上相互联系的新的、高一级的模式体系.这个不断形成高一层次模式体系的过程就是学习的过程.加涅指出,新输入的信息(新知识)和原有认知结构(旧知识)之间要建立起联系,两者的差距要适当,要从学习者的认知发展水平出发,才能收到良好的学习效果.他还认为,学生的学习,要按照规定的程序来进行,才容易收到效果.

加涅的"信息加工"学习理论,取认知学习理论和联结主义学习理论之长,并吸收了系统论、信息论、控制论等现代科学技术成果,主张从学习过程的层级系统上来阐述学习问题,强调研究学习问题时,既要注意外部反应及外在条件,又要注意内部过程和内在条件,它们都对学习心理的研究起积极作用,对指导当今人类学习是有实际意义的.

加涅的"信息加工"的学习理论启示我们,学生应从自身实际出发,重视数学学习方式,促进自身学习效率的提高;重视学习反馈作用,比如,及时复习,重视数学练习;在学习过程中要注意直接探索和钻研教材,培养自己的自学能力,独立思考,独立完成作业.最好不要轻易问同学和老师,但并不否定合作学习和寻求帮助.

二、中国古代的学习理论

在我国古代的学习和教育中,学和习一直是分开使用的.学是指获得知识、技能;习是对已学的知识、技能的练习与巩固.我国的学习理论有以下一些特点:一是主张把学习过程建立在人的全部心理活动基础上,发挥智力因素与非智力因素的"群体效应";二是在认知过程中,重视思维的核心作用,主张学思结合、记思结合;三是在知识的掌握过程中,主张学用结合,重在实践;四是在学习方法上,主张在教师的启发、帮助下,由学生自己主动、独立地去获取知识.

我国的学习理论主要论点有:立志、乐学、持恒、博学、慎思、自得、笃行.

(一) 立志

"志"就是一个人的理想、抱负或愿望,而"立志"就是确立高尚的志向.我国历代教育家都将"立志"作为学习的根本.他们认为,学习者要在学习上获得成功,首先要"立志".

(二) 乐学

"乐学"就是在学习过程中,激发、培养出学习兴趣,使学习活动成为一件愉快的事情,从而乐而不疲,好之不倦.

(三) 持恒

"持恒"就是在学习过程中要有刻苦学习、不怕困难、坚持不懈、勇往直前、不达目的誓不罢休的学习态度.此外,在学习态度方面,我国教育家还提倡学习者要谦逊好学、不耻下问.

(四) 博学

"博学"就是要求学习者要有广博深厚的基础知识.我国的教育家认为,一个人如果没有广博的基础知识,是不能达到知识高峰的,是不会取得巨大成就的.此外,他们还重视博学与专精(博与约)相结合,认为在学习过程中,博和约并不是相互割裂的,而是互为基础的.

(五) 慎思

"慎思"是指学习过程中要深入地进行思考.我国教育家认为,在学习过程中,博学是基础,慎思是关键;还认为思必须与学相结合,而且又以学为基础.

(六) 自得

"自得"是指让学习者自己经过学习、研究、探索来获取新的知识. 我国教育家认为,在学习过程中,只有让学生"自得",才能牢固掌握和深刻领会知识,应用时才能得心应手. 他们主张"启发教育"的方法,即在教师的启发诱导下,学生主动地、独立地去获得新知识.

(七) 笃行

"笃行"是指切实地将所习得的理论用于实践,见诸行动.

我国历代教育家十分重视动机、意志、性格在学习过程中的作用;十分重视情感、兴趣对学习的推动作用;十分重视学生个性的和谐发展;十分重视学习态度以及学习者已有知识结构对学习的影响;十分重视思维在学习过程中的作用;十分重视学生的学习主动性与独立性以及教学过程中的"启发教育".

关于学习过程,先秦时期的思孟学派在总结先哲们的学习理论的基础上提出了"博学之,审问之,慎思之,明辨之,笃行之"五阶段学习过程理论,其中博学是基础,审问、慎思、明辨是关键,笃行是结果.

南宋教育家朱熹在继承前人成果的基础上,更加重视"立志"在学习过程中的作用,并强调学习中的"时习". 他提出了"立志—博学—审问—明辨—时习—笃行"七阶段学习过程理论.

三、建构主义数学学习观

1. 数学学习是学习主体主动建构的过程,是他们在心理、生理上的变化. 学习主体不主动参与,任何人无法代替(就好像无法代替吃、睡一样). 主动参与又不仅仅是动手,更重要的是心理参与,最终要学会提问题,即借助于逻辑组合、推广、限定、类比,巧妙地对概念进行分析与综合,提出新的、富有成果的问题.

2. 数学建构活动就是数学抽象过程,比如"理想化"、"简单化"、"确切化"等,因此,数学对象的建构活动本质上是一种"逻辑建构",或更确切地说是一种

"形式建构",数学建构活动是思维的创造性活动,要学会数学建构,学习和掌握数学语言是必要条件.

3. 数学建构过程也是一个不断发展深化的过程,靠的是严格的定义和逻辑推理.学习者按自己原有的图式去同化或顺应新的知识,必然通过自己头脑的"过滤",所得的新图式往往带有认知者的某种特色.认识未必完全和准确,这也是学习者常发生概念错误的原因.只有不断"建构后反思"和"反思后再建构",才能使知识建构准确.

4. 学习数学的要点在于学习数学知识的建构方法:数学家是怎样想(建构)的? 老师是怎样想的? 我自己又是怎样想的? 如果说教师用展现思维过程的"过程教学法",那么学生不妨也采用领悟思维过程的"过程学习法",从中学会发现、猜想、探索的思维艺术.

5. 数学学习具有一定的社会性,教师、教材和学生构成一个"数学学习共同体".因此,交流讨论对检验和促进学习是必要的.交流能优化认知结构,既有竞争,又有切磋的氛围,对提高数学学习共同体的水平和"品格"是不可或缺的.

6. 学生对教师的讲解或从书本上读到的"知识"(实际上只是"信息")必然有一种"理解".按建构主义的观点,这种"理解"并非只是弄清教师(或课本)的"本意",而是依自己的知识、经验作出"解释",与自己的认知结构"接头",使新材料在学习者头脑中获得特定的意义.一旦与自己已有知识经验建立起实质性的、非任意的联系,学习者立即会有"我明白了"的感觉.

第二节　数学学习的基本原则

数学学习也要回答三个问题:为什么而学习? 学什么? 怎样学? 数学学习原则就是为这些问题提供理论依据.

一、阶段渐进原则

波利亚结合"学习三阶段"提出循序阶段原则,他认为教学中常常忽视"探索"与"吸收"两个阶段,只强调了中间"概念水平"阶段,从而人为地割裂了学生认识数学应该具有的循序阶段性,使之缺乏认识的基础,又丧失了提高的机会.在引入新知识时应该与周围现实世界密切相联,并与学生的现存知识、生活经验及自然好奇心密切相联;在理解新知识后,应要求学生能把新知识应用于解决新问题,或者简化老问题的解决.学生通过所学新知识,对过去所学内容的条理看得更为清晰,从而进一步开阔眼界.

波利亚还提倡循序渐进地实施解题教学.他建议讲解例题时,先让学生观察题目,以激起学生求解的冲动,讲解完毕,留出时间供回顾讨论.练习课中应提供一些能引起思考和争论性的题目,以便"吸收阶段"能顺利进行;全部题目的安排要体现出思维上的阶梯性,按解题方法的内在联系,一步一个台阶,逐步引向深入,使学生亲自体验在独立研究中碰到的各种不同情境.

二、启发探究原则

针对"以训诫为主的强制灌输"教育方式,孔子提出了"不愤不启,不悱不发.举一隅不以三隅反,则不复也"的主张.

启发式的最大特点是引导学生动脑筋,最大限度地调动学生潜在的主动性、积极性,通过主体内因发展思维能力.

人一生下来其灵魂就拥有真善美与内在的固有价值(潜存在观,pre-existence),因此教育不再是授知,而仅仅在于唤醒,在于使他内在的人性能充分展开,寻找自我.也就是让学生通过思索产生智慧,再发现(re-discover)自己已有的知识.

像波利亚的"怎样解题表"(见附录一)就是启发式教学提问表,他的"解题教学风格"就是启发式的生动运用.弗赖登塔尔认为"潜存在观"应予扬弃,我们需要的是"再发现方法教学"的思想内核,同时,"再发现"(re-discover)也离不开启发式或问答法.他进而指出:教学要像助产士一般,时刻观察着、联系着他的工作对象,决不可仅借用学生的耳朵,而不启发学生的脑子.也就说,学生的学习是在教师的思维启发下,师生之间、学生之间的合作探究.

三、过程学习原则

"让学生看到思维过程"是提高数学学习积极性的有力措施,伟大的数学家希尔伯特的老师福克斯习惯于在课堂上现想现推,有时就把自己置身于困境,再"突围"出来,这使希尔伯特有机会看到高明的思维过程是如何推进的,有力地促进了其思维能力的提高. 波利亚在"解题教学"中也让学生看到思维过程,而不直接出示哪怕是绝妙的解答,意在使学生能从教师的分析中懂得怎样去变更问题,怎样引入辅助问题,怎样进行联想及类比,等等. 因此,学生是教学活动的参与者,而不是旁观者;学生对数学题的求解,要当作者,而不是读者. 自己积极去思考探究,比接收现成的结论(答案)强百倍.

四、归纳演绎原则

"演绎与归纳并重的原则"在数学教学中被普遍接受,波利亚将这一原则解释为创造过程的实验归纳性和结果的系统演绎性.

遵循这一原则,既要教学生学习运用科学归纳、类比等方法去猜结论、猜条件、猜解法,又要让他们掌握从探索性演绎法过渡到纯形式的演绎法,把猜得的合理命题的证明建立在逻辑演绎基础上.

波利亚觉得以前很少把处于发现可能的过程数学提供给学生,因而呼吁: "要让学生看到数学建造过程的脚手架,而不是简单的现成品",应加强合情推理教学,在介绍演绎证明的同时,教学生猜想和探索性论证.

让自己喜欢并真正理解数学,学生有必要"再创造(re-create)数学",即学生要学会建立结果与证明. 如果忽略数学归纳发现过程的教学,而过分地偏向于演绎化,就会使学生误以为数学是天才的创造物,数学定理是数学家通过演绎推理直接由几个公理导出,这就完全曲解了数学(事实上一些伟大的数学观念的产生根本不是逻辑的结果),容易使学生产生困惑与自卑,抑制了发现数学的愿望,不利于创造性思维能力的发展.

要让学生在课堂上处于活跃、自由、富有创造欲望的状态,根据教师提供的实例或具体的"数学现实",自己发现数学结论,"再创造"数学.不仅是让学生接收现成的演绎体系,还必须让学生利用数学地组织现实世界(具体事物或数学概念和规律)的方法——包括公理化、使数学语言形式化、将现实问题转化为数学模式等方法,参与"数学化"的过程,使数学学习成为一个趣味盎然的活动,让学生在思考中活动,在活动中思考.

五、自主学习原则

自主学习原则是指充分发挥自己学习的主动性,启动自己的思维器官去探索数学的奥秘.

波利亚说:教师讲了什么并非不重要,但更重要千万倍的是学生想了些什么,学生的思路应该在学生自己的头脑中产生,在允许的条件下亲自去发现尽可能多的东西,同时,学生要接受教师恰当的帮助,特别是"内部帮助".多问是什么、为什么、哪里、何时、怎样,以催化自己思想的产生.

为了主动学习,华罗庚反对"包教包会"的做法.他举例说:学生听课之后,有不懂之处就去问教师,两次,三次,没懂再问……表面上近乎好学,但实质上是学生把希望寄托于"去问",自己懒于思考,缺乏主动性.教师不是直接以现成的答案解决学生的疑难,而是从旁提供启发线索,或借以参考书,一定要由学生主动思考后依靠自己得出结果.

真正的好教师教学时总是把定理的证明留给学生,只启发学生.

学生启动自主学习,必须自己主动积极配合教师,教师只能起启发引导作用,关键在于学生自己的主动性."好学君子自相触类而考,何必尽传",不必尽传只缘有"好学君子".培养学生的好奇心、自觉性、意志等非智力品质是贯彻这一原则的具体途径,要让创新潜质生懂得依靠自己才是最可靠的力量.

六、动机激发原则

学生对教学的内在兴趣是学习的最佳动机,是执著求索的强大动力,"兴趣是最好的老师,它永远胜过责任感".应当把兴趣和爱好作为正在形成某种智力的契机来培养.

任何数学教学形式都必须寻求激发最佳动机的办法.教师引入问题活泼、新鲜,有时诙谐些,或说些似是而非自相矛盾的见解,让学生猜测,当他们表示出某种猜想以后,就会进一步追求猜想的正确与否,从而热心起来(波利亚).学生在教师的指导下发现数学中有趣味的东西(如简便方法),领略数学的内在魅力,好像被带进花园,而不是在门外赏花,主动钻研难题,一旦成功,就会心怀喜悦,信心大增(华罗庚).

第三节　数学学习的一般过程

一、学习过程的几种模式

(一) 学习过程的网状模式

我国学者总结的学习过程理论,是学习过程结构模式,称之为学习过程的网状模式,可简化为如图 1-3-1 所示的图式:

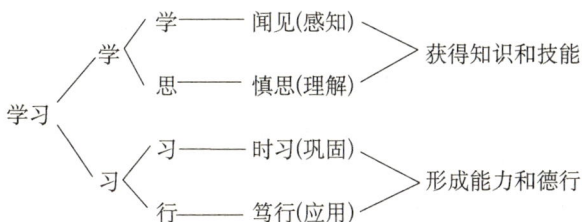

图 1-3-1

它表明,学习过程分为学与习两个方面和学、思、习、行四个阶段,其中学是闻见、感知阶段,思是理解、加工阶段,习是熟练、巩固阶段,行是应用、实践阶段.学和思是获得知识和技能的过程,习和行是形成能力和德行的过程.从学到行,就是学习的过程,是培养人的聪明才智的过程.

(二) 学习过程的环状模式

苏联心理学家刘昂杰夫、大维多夫等人,根据反射弧的原则,把学习过程看

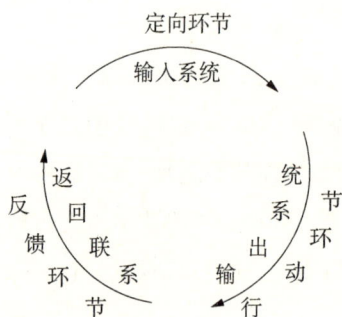

图 1 - 3 - 2

成是环状结构系统(如图 1 - 3 - 2).该系统分为三个环节:定向环节、行动环节和反馈环节.

定向环节又叫输入系统,包括主体用感官接受刺激,再传递到大脑中枢进行加工的过程.有机体表现为倾听、注视、接收刺激的形式,建立活动的定向作用.

行动环节又叫输出系统,是对输入的刺激进行加工并执行动作反应的过程.

反馈环节又叫返回联系,包括检查、评定过程,其功能在于根据学习结果去调节、校正学习行动.

(三) 学习过程的阶梯模式

美国心理学家加涅提出学习过程结构的八级阶梯模式,如图 1 - 3 - 3 所示.

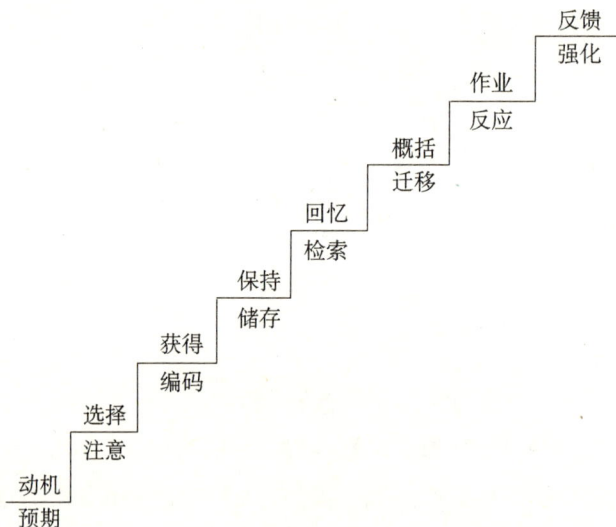

图 1 - 3 - 3

1. 动机阶段:动机产生阶段是整个学习过程的开始阶段.一定的学习情境成为学习行为的诱因,激发个体的学习活动,使其开始产生学习的愿望并准备付诸行动.

　　2. 选择阶段:学生已具备学习的动力,开始注意与学习目标有关的刺激. 如对来自感受记录器的信息进行选择,并将有关信息输送到短时记忆阶段,淘汰无关信息. 这一过程是短暂的心理状态(称为心向),它起着定向作用.

　　3. 获得阶段:这个阶段对选择的信息进行加工,从短时记忆转化为长时记忆的持久状态. 此阶段起编码作用.

　　4. 保持阶段:获得的信息经过复述、强化之后,以一定的形式(形象或概念)在长时记忆中永久地保存下来.

　　5. 回忆阶段:这一阶段为检索过程,即寻找储存中的知识,使其复现的过程.

　　6. 概括阶段:把已经获得的知识和技能应用于各种新的情境中. 这一阶段涉及学习的迁移(正迁移)问题.

　　7. 作业阶段:反应发生器激起反应器活动,使学习付诸行动,展现为新作业或新操作的完成. 此阶段是获得解决问题能力的初步表现阶段.

　　8. 反馈阶段:学习者因完成了新的作业并意识到自己已达到了预期的目标,从而使学习动机得到强化.

　　以上八个阶段相应的八种心理过程为:预期、注意、编码、储存、检索、迁移、反应和强化.

二、数学学习的四个阶段

　　根据认知学习理论,数学学习的过程乃是新的学习内容与学生原有的数学认知结构相互作用,形成新的数学认知结构的过程. 依据认知结构过程的变化,数学学习过程可以分为四个阶段:输入阶段、相互作用阶段、操作阶段和输出阶段.

(一) 输入阶段

　　所谓输入,实质上就是创设学习情境,给学生提供新的学习内容. 在这一学习情境中,学生原有的数学认知结构与新学习的内容之间发生认知冲突,使学习者在心理上产生学习新知的需要(即"心向").

(二) 相互作用阶段

新学习的内容输入以后,学生具有的数学认知结构与新学习的内容之间相互作用,数学学习就进入相互作用阶段.这种相互作用,有同化和顺应两种基本形式.所谓同化,就是把新学习的内容纳入到原数学认知结构中去,从而扩大原有认知结构的过程;所谓顺应,就是当原有认知结构不能接纳新的学习内容时,必须改造原有的认知结构,以适应新学习内容的过程.相互作用阶段的结果是产生了新的数学认知结构的雏形.

(三) 操作阶段

操作阶段实质上是在第二阶段产生新的数学认知结构雏形的基础上,通过练习等活动,使新学习的知识得到巩固,从而初步形成新的数学认知结构的过程.通过这一阶段的学习,学生学到了一定的技能,使新学习的知识与原有的认知结构之间产生较为密切的联系.

(四) 输出阶段

这一阶段基于第三阶段,通过解决数学问题,使初步形成的新的数学认知结构臻于完善,最终形成新的良好的数学认知结构,学生的能力得到发展,从而达到数学学习的预期目标.

数学学习的一般认知过程如图 1 - 3 - 4 所示.

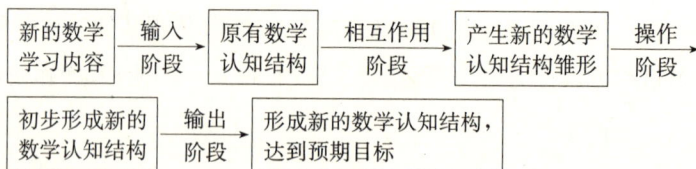

图 1 - 3 - 4

以上四个阶段是密切联系的.任一阶段的学习出了问题,都会影响数学学习的质量.无论是数学新内容的接受还是纳入,都取决于学生原有的数学认知结构. 因此,学生已有的数学认知结构总是学习新数学内容的基础. 要顺利完成以上四个阶段的任务,需要考虑学生已知了什么,掌握到何种程度,以及教学内容的难易程度、呈现序列等问题,确保学生原有认知结构与新的数学知识相互作用. 教师还要注意做好数学认知学习的决策分析,包括认知目标分析、认知起点测定、认知过程诊断和认知结构评定.

第四节　数学学习的基本策略

一、数学学习的特点

(一) 数学的特点

数学是以现实世界的空间形式和数量关系作为研究对象的. 为了在比较纯粹的状况下研究空间形式和数量关系,不得不把客观对象的所有其他特性抛开不管,而只抽象出其空间形式和数量关系进行研究. 因此数学具有十分抽象的形式.

严谨性是数学科学理论的基本特点. 它要求数学结论的表述必须精练、准确,对结论的推理论证要求步步有根据,处处符合逻辑理论的要求. 在数学内容的安排上要求有严格的系统性,要符合学科内在的逻辑结构,既严格又周密.

数学广泛的应用性表现在它已渗入到日常生活的各个领域中,当今世界各门学科都在经历着数学化的过程. 用华罗庚的一句话来形容就是:"宇宙之大,粒子之微,火箭之速,化工之巧,地球之变,生物之谜,日用之繁,无处不用数学."

(二) 为什么要学数学

数学有两种品格,其一是工具品格,其二是文化品格. 由于数学在应用上的极端广泛性,因而在人类社会发展中,那种挥之不去的短期效益思维模式必然导致数学之工具品格愈来愈突出和愈来愈受到重视. 特别是在实用主义观点日益强化的思潮中,更会进一步向数学纯粹工具论的观点倾斜,所以数学之工具品格是不会被人们淡忘的. 而数学更为重要的文化品格,却不被大多数人所理解.

例 1　英国律师在大学里要学习多门高等数学课程,课程委员会认为只有通过严格的数学训练,才能使之具有坚定不移而又客观公正的品格,并使之形成一种严格而精确的思维习惯,从而对他取得事业的成功大有裨益. 这就是说,他们充分认识到了数学的学习与训练,绝非实用主义的单纯传授知识,而深知数学之文化理念和文化素质原则,在造就一流人才中的决定作用.

例 2　著名的西点军校,规定学员还要必修多门与实战不能直接挂钩的高深的数学课. 他们充分认识到,只有经过严格的数学训练,才能使学员在军事行动中,把那些特殊的活力与高度的灵活性互相结合起来,增强把握军事行动的能力和适应性,从而为他们驰骋于疆场打下坚实的基础.

当学生将来成为卓越工程师、优秀艺术家、著名律师或运筹帷幄的将帅等拔尖创新人才时,早已把所学到的那些非实用性的数学知识忘得一干二净了. 但那种铭刻于头脑中的数学精神和数学文化理念,却会长期地在他们的事业中发挥着重要作用. 现在所受到的数学训练,一直会在他们的生存方式和思维方式中潜在地起着根本性的作用,并且使其受用终身. 这就是数学之文化品格、文化理念与文化素质原则之深远意义和至高的价值所在. 这就是在中学要学好数学的意义所在.

(三) 数学学习的特点

数学是人类文化的一部分. 数学学习肯定了观察、实验、归纳、类比、猜想等一套合情推理方法的认识论价值,肯定了直观与逻辑、归纳与演绎、感性与理性的辩证认识过程.

数学学习是学生把人类总体数学知识、数学精神、思想方法转化为个人素养的过程. 那么,在这个转化过程中,心理活动有什么特点呢? 在教与学的活动中,存在三种结构:其一是具体的数学知识结构,也就是知识本身的逻辑体系. 这是以最基本的原理、概念和方法为出发点,逻辑地组织起来的,因而具有逻辑性、系统性的特点,知识结构往往在物化的课本(包括教师的教案以及音像制品等)中,它对于学习者来说,是认识的客体(对象);其二是认识的结构,即人在认识活动中的心理过程(感受、知觉、思维、想象、注意、记忆等)以及个性心理特征(情感、意志、能力、兴趣、体质等),即认识的智力与非智力品质,这对于学习者来说,是认识的主体(特征);其三是认知结构,它是学习者头脑里已有的全部数学知识结构,也就是说,认知结构不仅包括学习者头脑里已有的全部数学知识,而且还包括这些知识的内部组织方式.因此,认知结构在学习者学习过程中是不断变化的.

(四) 数学美育

数学的历史,从一定意义上讲,也就是追求真善美的历史,比如:计数法的发展,计算工具的沿革,数学符号的创制、兴废,都是简胜繁、美胜丑的过程.公理系统使有序取代了杂乱无章,字母代数、列方程代替"算术解法"(以及多元方程组代替一元方程)使思维和推理由逆变顺,和任何人造事物一样,整个数学也正在由实用(作为工具、科学)向审美对象(文化、艺术、游戏)前进,由满足人的物质需求向同时满足人的精神需求前进.

数学美和音乐、美术、文学、戏剧等艺术美以及自然美一样,鉴赏要有一定的知识基础和赏析能力,这是可以培养的.但数学美也有自己独特的含义和魅力,与其他艺术美有联系又有区别.研究所揭示的数学美有抽象美、统一美、简洁美、形象美(对称、整齐)、奇异美、再生美、混沌美、无限美、平凡中之不平凡、变中之不变等形式.对于数学教学来说,"引进美学机制"无非有三个目的:

1. 感受数学中的美好之物,感受数学美,增加数学的情趣,从而激发数学学习的兴趣;

2. 增进自我审美意识和能力,由数学美联想到自然之美、人生之美,增强鉴别美丑的能力;

3. 初步认识到美是选择的标准,是数学发明、发现的动力.

审美意识的形成和发展,大约要经历四个阶段:

感受数学美──→鉴赏数学美──→追求数学美──→创造数学美.

二、数学学习策略

学习策略是指学习者在学习活动中有效学习的规划、方法、技巧以及调控方式.数学学习策略的结构如图 1-4-1 所示.

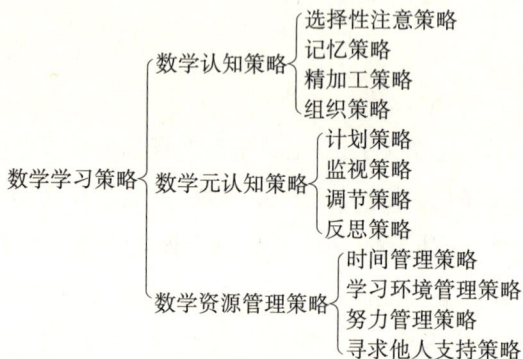

图 1-4-1

元认知策略被认为高于其他策略,因而处于一个更高的层次.元认知策略控制了认知策略的使用.元认知策略是指学习者作为一个主动的个体,有意识地使用元认知知识对学习任务进行合理的安排、计划、监控、调节和评价,通过不断调整与完善,使自己的学习方法和过程更加合理、高效.因此,有效的学习过程应该同时也是一个运用元认知策略对学习过程本身进行积极安排、监控、调节的过程.而学生一旦学会了元认知策略的使用,便可以将它们运用到新的学习环境中去,不仅能够独立思考,自主学习,真正成为学习的主人,而且这种能力将影响其学习、工作和生活的方方面面.

第二章

影响拔尖创新潜质生数学学习的非智力因素

　　数学学习活动是一个长期的、积极主动的、富有个性的活动过程. 每一项数学学习任务的完成,除了客观条件提供保证之外,还需要学生积极的内部心理状况的配合,否则难以达到预期的教育效果. 拔尖生要学好数学,一方面取决于智力因素,另一方面取决于非智力因素的挖掘和发挥.

　　非智力因素是一个相当广泛的综合性的概念,是指有利于人们进行各种活动(包括数学学习活动)的智力因素(包括观察力、记忆力、想象力、思维力、注意力)以外的一切心理因素的总和. 它对心理过程有着起动、导向、维持与强化的作用,是个体学习积极方面的因素,包括动机、兴趣、理想、信念、世界观、情感、意志、性格等. 本章研究的主要是与数学学习活动密切相关的几种非智力因素,包括数学学习动机、数学学习兴趣、数学学习情感、数学学习态度、数学学习意志和数学学习习惯等.

第一节　学习动机和学习兴趣

一、学习动机与数学学习

　　心理学研究表明,一个人之所以会出现某种行为,其直接的推动力来自于动机. 动机源自于需要,动机是需要的具体表现. 学生的学习动机是推动学生自觉地、积极主动地进行学习的内部动机. 数学学习动机是指学习者为了满足某种需要而主动参与数学活动的心理状态,它是激励或推动学生的学习活动以达到一定学习目标的内部动力.学生数学学习的内部动机来自于对数学知识本身的向往与追求;外部动机来自于社会、家庭、学校教育,教师的表扬或批评起着重要的作用.社会生产和生活要求学生具有一定的数学知识、技能和能力,促使他们头脑里产生学习数学的需要和愿望,当学生为了满足这种需要和愿望时,就引起推动自己去学习数学的行动,这时,学习需要就转化为学习数学的动机.

数学学习动机在数学学习中具有十分重要的作用.它不仅制约着数学学习活动的启动,而且决定着数学学习活动的方向;不仅关系着数学学习活动的进程,而且影响着数学学习活动的效果.一般来说,数学学习动机愈明确、愈强烈,学习数学的积极性、自觉性就愈高,刻苦钻研的精神就愈好,学习效果也就愈显著.奥苏贝尔曾指出,动机与学习之间的关系是典型的相辅相成的关系,绝非是一种单向性的关系.学生通过数学学习,逐步认识到数学的认知价值和社会价值,体会到成功的喜悦,感受到数学的内在美,尝到数学学习的甜头,从而对数学产生浓厚的兴趣,增强了数学学习的动机.数学学习动机是推动数学学习的驱动力.学生没有数学学习动机,就像汽车没有发动机.学生有了强烈的数学学习动机,就有了数学学习的积极性、主动性,就能变"要我学"为"我要学".

二、数学学习动机的激发和培养

高中新课标提出:"倡导积极主动、勇于探索的学习方式","注重提高学生的数学思维能力".激发动机,快乐学习,使学生能够自主地从事学习,取得具有动态意义的自我学习与自主发展的能力,是实现新课程目标的根本措施.让学生"学有所得",是发展数学学习动机的最主要手段.具体方法如下:

(一) 激发好奇心,增强求知欲

好奇心是一种天生的和强有力的动机因素.为了发展学生的内在动力,首先需要激发学生的好奇心和求知欲.好奇心和求知欲随着年龄的增长和学习的成功而不断变化.有的学生因学习失败或学习困难而对书本知识失去好奇心和求知欲.因而在教学活动中应该做到让学生既能轻松地学懂知识,又能更加积极主动地配合教师自觉学习.比如在学习内容的安排上尽量不要过分繁杂,条理要清晰. 教师应设法把学生的注意力集中于学习知识的活动中,排除那些分散学生注意的无关干扰. 在教学过程中,尽量采用多种教学模式,调动学生的眼、耳、手、口等感觉器官,使其全身心投入到学习中,从而提高课堂效率,减轻课外负担,让学生感受到学数学不仅仅就是做题,而是一种享受,从而增强学习数学的内部动机,对数学学习更加充满信心.

(二) 巧设问题情境,难度适宜扣人心弦

心理学研究表明,当学生在学习那些"似懂非懂"、"半生不熟"的东西时,就有迫切希望掌握它的愿望. 应通过巧设难度适宜的问题情境,激发学生学习的动机. 能否成为问题情境,主要是看学习任务与学生已有知识经验的适合程度如何,太易和太难都不能构成问题情境.

例1　探究"等差数列的前 n 项和".

巧设情境:出示公式" $S_n = na_1 + \dfrac{n(n-1)}{2}d$ ".

问学生:大家知道这个公式的意思吗?

第一次引导:面对这个公式,学生是处于一种懵懂的状态,有懵懂才有追求的神秘. 多媒体出示故事:高斯快算" $1+2+3+\cdots+100$ ". 我们要比他更强,求一般等差数列的前 n 项和,试一试.

第一次引导后强化 $\dfrac{n(n-1)}{2}$ 的意义.

第二次引导:跳一跳,够得着. 刚才我们算的是" $1+2+3+\cdots+100$ "这一类的和,如果是" $1+3+5+\cdots+n$ ",我们怎么算?

第三次引导:生活中像这样典型的题目遇到的并不多,你能出几个混合型的题目给大家做一做吗?

巧设问题情境,为学生新、旧知识的同化和顺应提供了理想的平台. 通过问题解决来学习,为学生学习数学知识提供了内在动力.

(三) 数学知识走进生活,增加数学价值的认同感

数学语言是一种世界通用语言,全世界的人可以用数学语言共同探讨科学世界的奥秘. 在生产生活方面处处有高中数学的影子,教师可以在学生掌握基

础知识的情况下,给学生布置一些操作性强,有助于引导学生对数学价值的认同的作业. 比如,有甲、乙两个超市同时进行降价活动,分别采用两种降价方案:甲超市第一次打 m 折销售,第二次打 n 折销售;乙超市两次都打 $\frac{m+n}{2}$ 折销售. 请问:哪个超市的价格更优惠?

通过让数学走进生活,学生感受到了学习数学的实用价值,引导学生用多种方法探求知识,可以增加学生对数学价值的认同,增强学生学习数学的动机.

(四) 引导学生合理归因,数学学习有信心

根据维纳(B. Weiner)的成就归因模型,学生的归因对学习行为会产生影响. 维纳认为人对自己行为结果的归因可按稳定性(稳定—不稳定)维度与控制性(内部—外部)维度来加以考察,并提出了四种归因因素:努力(内部的、不稳定的)、能力(内部的、稳定的)、运气(外部的、不稳定的)和任务的难度(外部的、稳定的). 在学校情境中,学生经常提出一些归因问题,如"我为什么会成功(或失败)","为什么我的数学总比别人的差"等等. 归因有积极和消极两大类,对于成就动机存在着正向和负向两种作用,见下表:

归因模式	事件	归因	情绪	期望	行为倾向
积极的	成功	能力高努力的结果	自豪自尊	增加对成功的期望	愿意进行有成就的学习
	失败	缺乏努力	内疚	对成功的高期望	愿意进行有成就的学习
消极的	成功	运气好	无所谓	很少增加对成功的期望	缺乏进行有成就学习的愿望
	失败	能力低	羞愧无能沮丧	降低对成功的期望	避免进行有成就的学习

具体来讲,如果学生将其成功归因于相对可自控的、不稳定的因素(如努力因素),就可体验到成功感和有能力感,提高承担和完成任务的自信心;若学生

将失败归因于不可自控的、稳定的因素（如能力因素），则会使他们丧失信心. 由于一个人的归因模式是可以改变的，因此教师应引导、帮助学生对学习成败进行积极的归因，有必要对学生进行专门的归因训练.

三、学习兴趣与数学学习

学习兴趣是力求认知某种事物或爱好某种活动的心理倾向. 心理学研究表明："学习兴趣是构成学习动机中最现实、最活跃的部分，一个人对其所学到的东西产生了浓厚的兴趣，便会迸发出惊人的热情. 而热情是一种魔力，它会创造奇迹."教学实践也证明：浓厚的学习兴趣可以使大脑及各种感官处于最活跃的状态，最佳地接受教学信息，使学生自觉地集中注意力，全神贯注地投入学习活动，能使学生在繁重、紧张的学习过程中抑制疲劳，产生愉快的情绪，提高学习效果.

数学学习兴趣是数学学习动机中最现实、最活跃、带有强烈情绪色彩的因素，是推动数学学习的一种最为实际的内部动力. 学生的学习按起因分为直接兴趣和间接兴趣. 直接兴趣是指由数学学习活动与教学内容本身所引起的兴趣；而间接兴趣是指由数学学习活动所产生的结果而引起的兴趣. 直接兴趣可以使学生感到数学学习活动或内容引人入胜，毫无枯燥感；间接兴趣则可以使学生保持旺盛的数学学习兴趣，把数学学习活动坚持下去.

四、数学学习兴趣的培养

学生对数学产生浓厚的兴趣是学好数学的重要条件. 培养学生的学习兴趣可以从以下几个方面入手.

(一) 利用美感，激发兴趣

数学中的美是激发学生学习兴趣的源泉，用数学美激发学生的学习兴趣是美中求美.

例2　二次函数 $y = ax^2 (a \neq 0)$ 可以描述自由落体运动规律：$S = \dfrac{1}{2} gt^2$；

可以表达圆柱的体积：$V = \pi h r^2$（h 是常数）；还可计算圆的面积：$S = \pi r^2$. 二次函数的图象，既可描绘出乒乓球的运动路线，又可刻划宇宙天体运动轨道等等. 这些诸多事物中的数与形的变化规律竟统一于如此简单的关系式 $y = a x^2 (a \neq 0)$ 之中，真是美妙至极.

上面的例子展示了数学中的统一美、和谐美、对称美和简洁美. 在教学中，应适时通过数学美的教育激发学生的学习兴趣，提高学生数学学习的主动性.

（二）巧设问题，训练思维

学生的数学思维永远是由问题开始的，让学生带着问题去学习，积极地思维，将极大地激发学生的兴趣.

例如，在讲等比数列求前 n 项和时，提出这样一个问题：在地面上叠放纸片，纸片的厚度约为 $0.083\,\mathrm{mm}$，第一次放 1 张，第二次叠放 2 张，第三次叠放 4 张，以后依次叠放 8 张、16 张、32 张、64 张……一共叠放 32 次，问这堆纸片的高度应该是多少？对此学生讨论激烈，产生了各种各样的猜测. 但当教师提出所求高度竟有几座珠穆朗玛峰的高度叠加起来那么高时，立即引起了学生极大的兴趣，他们急于知道是怎么算出来的. 此时学生的注意力高度集中，思维异常活跃，教师抓住时机，讲解新内容，可以收到很好的效果.

（三）温故知新，回忆巩固

"温故"即复习旧知识，旧知识本身就是具有很强的感情色彩的认识倾向；"知新"就是知道新知识. "温故"是"知新"的基础，而"知新"是"温故"的发展.

比如学习一元二次不等式的图象解法时，首先"温故"——复习一元二次方程 $ax^2 + bx + c = 0$ 的求根公式和判别式，再复习二次函数 $y = ax^2 + bx + c(a > 0)$ 对应于判别式大于零、等于零、小于零时图象的三种情况，然后再学习一元二次不等式 $ax^2 + bx + c > 0(a > 0)$ 的图象解法，学生就会感到容易接受，从而也会产生浓厚的兴趣，更有利于获取新知识.

（四）恰当比喻，简化内容

在数学教学中，某些概念、计算、推理有时很难被学生理解，这时，借助适当的比喻,可以使抽象的概念明朗化、严谨的计算具体化、难懂的推理简单化.

例如,讲排列与组合的区别时,可以用"同宿舍的 8 位同学毕业后互相写一封信,共有多少封信"与"互通一次电话,一共要通多少次电话"来比喻分析,写信是 $A_8^2 = 56$ 封,通电话是 $C_8^2 = 28$ 次,前者是排列问题,后者是组合问题. 通过比喻,学生对排列、组合的概念及其区别有了更深刻的理解.

第二节　学习态度和学习情感

一、学习态度与数学学习

学习态度是一种通过学习形成的、指向学习对象并影响个人对学习活动作出选择的反应准备状态. 数学学习态度是通过经验组织和学习形成的、指向数学学习并影响对数学学习活动作出选择的反应准备状态,是学生对数学学习的一种心理倾向,它由对数学学习的认知、情感、行为倾向三个要素组成.

数学学习态度的认知要素是指对数学学习的相当数量的信息、事实、知识、功能和结果等方面的认识,它包括对数学学习的性质、目的和意义的理解与认识水平等方面. 数学学习态度的情感要素是指学生对数学学习的感觉或情绪,即是指对数学学习的喜欢或厌恶、愉快或烦恼、舒服或焦虑等等. 数学学习态度的行为倾向要素是指对数学学习作出反应的意向或心理定向活动状态. 主要表现在学生对待数学学习活动时是积极赞成还是强烈反对,是准备积极努力还是准备消极懈怠,是准备参与、接受还是准备逃离、拒绝. 通过对学生在课前是否预习、课中是否认真听讲、课后是否认真复习总结以及完成数学作业的质与量等实际数学学习行为的诸多方面进行仔细的考察,可以部分地推断出学生的数学学习行为倾向.

数学学习的三要素之间并不是孤立的,而是有一定联系的. 调查发现,对数学学习积极努力的学生,一般都认为数学有用,而且对数学感兴趣,喜欢学数学;而对数学学习消极应对的学生,则认为学数学无用,对数学无兴趣或不喜欢数学. 因此数学学习态度的认知要素和情感要素都对数学学习的行为倾向具有重要影响.

二、数学学习态度的特性

通过考察发现数学学习态度具有以下三个特性:

(一) 方向性

这一特性是指学生的数学学习态度具有一定的方向性:(1)积极态度方向.表现为有些学生对数学学习的意义和价值有清楚的认识,有明确的数学学习目的,对数学学习有浓厚兴趣并积极主动地进行数学学习与数学探讨.即这些学生拥有积极、正确的数学学习态度.(2)消极态度方向.表现为有些学生学习数学的目的不明确,认识不到数学的作用与价值,对数学学习产生被动、厌恶或抗拒的倾向.即这些学生持有消极、不正确的数学学习态度.(3)中立态度.表现为有些学生搞不清数学学习是否真正有用,对数学学习既不讨厌也不喜欢,数学学习既不努力也不松懈.以上三种态度中,前两种态度的相应要素的表现形式相反,而第三种态度不"靠近"前两种态度的任何一方.在这种意义上,数学学习态度的方向性如图 2 - 2 - 1 所示.

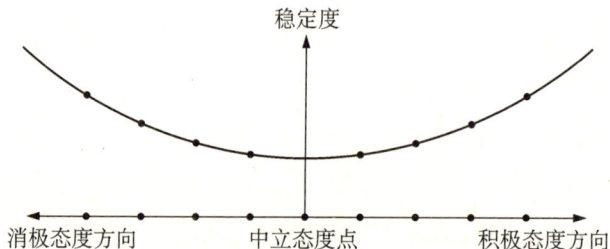

图 2 - 2 - 1

(二) 强度

这一特性是指学生的数学学习态度在相同的态度方向上有强弱之分,可以进行比较.比如有些学生非常喜欢学习数学,对数学学习有极浓厚的兴趣并决心努力把数学学好；而另一些学生则认为数学有些用处但用处不太大，对数学学习也谈不上喜欢，而且准备对数学做出努力，成绩算得上"可以"就行．这两种对数学学习的态度虽然都属于积极态度方向，但其强度是不同的，这相当于图2-2-1中"横轴"上引入的"刻度"（这里的"刻度"仅仅是一种形象的表示，尚未真正的"量化"）．以中立态度点为界，在积极态度方向上自左至右积极态度逐渐增强；在消极态度方向上自右至左消极态度逐渐增强．

（三）相对稳定性

这一特性是指学生的数学学习态度一旦形成，将要持续相当的时间，对数学学习表现出前后一致的、比较稳定的反应倾向，因而成为习惯化的反应，具有稳定性．然而数学学习态度并不是一成不变的，在某些条件的作用下，学生的数学学习态度是可以发生改变的，因而这种稳定性又是相对的．数学学习态度的这一特性一方面有利于我们对学生的言行进行一系列的观察与分析，从而使较准确地把握其真正的数学学习态度成为可能；另一方面也使得我们发挥教育、外部强化等方面的功能造就学生良好的数学学习态度成为可能．

在积极态度方向上，随着从左向右积极态度的增强，其稳定性逐渐增强；在消极态度方向上，随着从右向左消极态度的增强，其稳定性也逐渐增强；中立态度的稳定性最弱．通过图2-2-1可以看出，持较强的积极（或消极）数学学习态度的学生，在心理上容易形成较执著的习惯（或固执的偏见），从而就不容易去接受与其固有的态度相悖的观点，其稳定性就相应增强；而持中立态度的学生则因其对数学学习的认识和情感不那么偏激，也就不会形成特别顽固的观点和看法，在遇到新的信息和刺激时就能较容易地接受而导致其态度的改变．

三、改变数学学习态度的机制

数学学习态度一旦形成，就转化为学生个性中的一部分，具有一定的稳定性而不容易改变．然而在一定条件且长时间的作用下还是可以改变的．数学学习态度的改变包括方向和强度两方面的改变．比如，从积极正确的数学学习态度转变成消极不正确的数学学习态度，这是方向上的改变；从很喜欢学习数学到不怎么喜欢学习数学,这是强度上的改变.

(一) 认知"失调—平衡"机制

这种机制的基本原理是:人在认知上的不协调的存在,会引起心理上的紧张与不愉快,会使人产生往协调方向努力的动机,并想办法去降低这种不协调,而且回避使不协调增强的状况和信息以达到认知和心理上的平衡.这一原理可以解释学生数学学习态度的改变方式.学生对数学学习的认知与其数学学习行为之间,一般情况下会保持一致,但如果有与原有的对数学学习认知或行为相悖的看法或行为出现时,他的认知便失去协调从而产生不舒适感或紧张的心理状态,这就迫使认知去恢复协调与平衡.此时一种可能的做法,就是改变原有的对数学学习的认知及与其一致的数学学习行为,从而引起数学学习态度的改变;另一种做法就是维持对数学学习的认知及行为的现状,而另加一些辩护理由(即增加新的认知)以消除因认知失调引起的不愉快或紧张心理.比如,某学生对数学学习的作用认识不足,认为学不学数学可以照样工作和生活,因而不去努力学习数学.此时,他对数学学习的认知与其数学学习行为是一致的.而当受到别人的影响或自我意识到数学是日后工作和生活不可缺少的知识时,就会引起认知上的矛盾,为消除矛盾,一种做法是他接受这种新的数学学习认知观念,改变自己的数学学习行为,积极努力学习数学从而引起数学学习态度的改变;另一种可能的做法是寻找自我辩解的理由,比如,"学数学会变成书呆子","学数学太吃苦,容易搞坏身体,划不来"等,以此来消除心理上的紧张.第二种做法不会引起态度的改变而是维持态度原状.由此可见,要引起学生数学学习态度的改变,关键在于给学生提供一种能引起认知失调的关于数学学习的新的认知观念,而这种观念又容易被学生所接受.

(二)"累积—强化"机制

这种机制的基本原理是:学生在数学学习过程中获得的成功或失败经验,会带来自我的外部的强化,而多次"累积—强化"的结果可能引起其数学学习态度的改变.比如,某学生本来喜欢学数学,对数学学习持积极态度,但由于某些原因(如原来的学习方法不适合于新的教学内容学习等)而导致数学学习的多次失败(如作业不会做,数学考试成绩不理想等),这些连续的失败经验的重复(强化)会使他对数学学习丧失信心,并逐渐对数学学习产生消极态度;相反,另一学生本来对数学学习持消极态度,但由于某些原因(如为了应付教师等)在数学学习中取得了一些成功(如独立地完成了一些较难的数学题)而受到教师的表扬,同学对其也另眼相看(外部强化),他自己也获得了一些愉快的成功感体验(内部强化).在这些经验多次重复基础上他可能会逐渐变得喜欢数学,从而引起数学学习态度向积极的方向转变.因此,在运用"累积—强化"机制的时候,尽可能让学生多体验成功,使学生的数学学习态度向积极态度方向转变.

(三)"榜样—模仿"机制

这种机制的基本原理是:学生通过对自己选择的榜样的言语与行为的观察而把握自身对数学学习的态度,进而模仿榜样的数学学习态度,结果导致了模仿者数学学习态度的改变.这里的"榜样"包括教师(尤其是数学教师)、同学、同伴以及父母等家庭成员等.比如,某学生本来讨厌数学学习,但当他进入新的班级后,结交了几个对数学感兴趣的同学并成为了朋友,这样他就会试图模仿他们的数学学习行为,从而逐渐对数学学习感兴趣,最终实现了数学学习态度的转变.应该注意的是,学生所选的榜样应该是在学生看来值得模仿的对象,如在学生心目中具有权威性,与学生有密切的关系,在数学学习中取得了成功,学生与之有相同或类似的经历、处境及个性等.

学习态度是学习者对学习较为持久的肯定或否定的行为倾向或内部反应的准备状态.学习态度有端正和不端正之分.教师首先要了解学生持怎样的数学学习态度,才能对症下药进行教学.而学生可以对自己的数学学习态度进行自我分析,找到正确的学习方法.

四、学习情感与数学学习

情感是人对客观事物是否满足自己的需要而产生的态度体验.情绪也是人对客观事物所持的态度体验,只是情绪更倾向于个体基本需求欲望上的态度体验,而情感则更倾向于社会需求欲望上的态度体验.情绪与人的自然性需要相联系,具有情境性、暂时性和明显的外部表现;情感与人的社会性需要相联系,具有稳定性、持久性,不一定有明显的外部表现.情感的产生伴随着情绪反应,而情绪的变化也受情感的控制.情绪是情感的基础,情感要通过情绪表现出来.

数学学习情感是数学学习是否满足学习者自身求知欲需要的一种情感体验,它是在数学学习过程中产生和发展起来的,对学生的数学学习起着重要的调节作用.愉快的积极情感能激发学生的学习兴趣,增强学习信心,提高学习效果;而厌恶的消极情感会使学生失去学习兴趣,分散注意力,影响学习效果.孔子曾经说过:"知之者不如好之者,好之者不如乐之者",这正说明了乐学的积极情感对学生学习的重要作用.

五、数学学习情感的培养

(一)建立"和谐"师生关系

古人云:亲其师信其道.学生对数学教师的情感的认同在很大程度上影响着学生的学习成效.数学教师对教学充满激情,教学语言机智风趣,言谈举止具有"亲和力",关心、鼓舞学生,创造一种开放、自由、民主、多元的数学课堂教学氛围,给学生提供主动探究、自主发展、愉快合作的良好教学空间,这种"无拘无束"的教学氛围不仅能激发学生高昂的学习情绪,挖掘学生的创造潜能,而且能培养学生对教师的良好的情感态度,使学生把对教师的爱迁移到教师所讲授的课程上来,使学生产生积极的数学学习情感,对数学越学越爱学.

高中生是一个特殊的中学生群体,他们处于人生观、世界观初步形成的时期,也是情绪不稳定的时期.高中生的情绪表现可分为积极的情绪和消极的情绪,消极的情绪以愤怒、恐惧、悲伤、嫉妒、焦虑等情绪最为普遍,积极的情绪如高兴、愉快、好奇等也常出现,但积极情绪出现的次数和强度一般不如消极情绪出现的次数多、强度大.高中生的生理与心理、心理与社会的关系的发展是不同步的,这就造成了高中生心理上的种种矛盾和冲突,在情绪上表现出成熟前的动荡性,而且因情绪的复杂性、多样性以及它在认识和生理变化反馈之间的复杂的相互作用,使不同的情绪各具十分独特的主观体验色彩.根据高中生的情绪特点,教师在数学教学活动中应重视师生之间的立体交往,重视情感教学,从心底里爱学生、了解学生、理解学生、尊重学生、信任学生.

(二) 增强数学美感

数学美感是主体在对客观存在的数学美的感知过程中产生的,是人类高层次的审美心智活动的产物. 审美的需要和求知的需要一样,都属于学生需要结构中的高级社会需要. 教师通过教学手段,也能使学生的审美需要获得满足而产生快乐情绪.

首先,教师要去发掘、显示数学教学中的美. 例如,在讲"数列求和"时,在黑板上展示下列公式:

$$1+2+3+\cdots+n=\frac{n(n+1)}{2}; \quad ①$$

$$1^2+2^2+3^2+\cdots+n^2=\frac{n(n+1)(2n+1)}{6}; \quad ②$$

$$1^3+2^3+3^3+\cdots+n^3=(1+2+3+\cdots+n)^2 \quad ③$$

当第③式出现时,学生不禁为自然界存在如此和谐美好的数学关系而惊叹! 枯燥、乏味的数学原来如此美妙、多彩.

其次,教学艺术有很强的陶冶功能、转化功能和愉悦功能,教师在教学中注意教学手段的艺术性(包括语言美、板书美、教态美),不断创造愉快教学气氛,也能使学生以愉快的情绪状态从事学习活动.

(三) 建立数学理智感

数学理智感是学生在进行与数学有关的思考、探索等活动过程中,认识和追求真理的需要是否得到满足而产生的情感体验. 它是在学生参与数学学习活动中逐步积累情感体验而丰富起来的,包括对数学学习的兴趣、强烈的探索欲望、获得成功后的满足感等. 具有数学理智感的学生有勇于克服困难的决心,有富有成效的具体行动,因而在数学学习活动中容易脱颖而出. 而数学理智感缺乏的学生对数学思考活动有畏难情绪,缺乏内在动力,随着数学学习难度的加深,学习成绩逐渐下滑.

教师可以通过创设悬念,激发探索欲望,培养学生的数学理智感. 悬念是一种学习心理的强刺激.使学生"欲罢不能"的期待情境,能激发学生的学习动机和兴趣,活跃学生的思想,丰富学生的想象,有利于培养学生克服困难的意志力,激发学生的探索欲望.比如,讲"等比数列的前 n 项求和"时,先引出国际象棋的故事:卡克发明国际象棋后,国王为了嘉奖他,向他许诺全国的金银珠宝任他挑选.而卡克只提出一个请求,在他发明的国际象棋的 64 个方格中,第一格放一粒小麦、第二格放两粒、第三格放四粒……最后一格放 2 的 63 次方粒小麦.国王听后不以为然,然而通过计算他才发现,若将这些麦粒铺在地面上,可将整个地球表面铺上 3 厘米厚.这个惊奇的故事一下子抓住了学生的注意力,他们迫切地想知道怎样计算以及计算结果是什么.这就为引入"等比数列前 n 项的求和"问题制造了悬念.在数学教学中,教师应该让学生真正掌握自我培养数学理智感的方法,学会按自己的意愿形成适宜的情绪状态,用数学逻辑的精确性、数学结论的确定性等,自觉地遵循思维规律、规范思维形式,以调控自己情绪、情感的发生强度,保持健康适宜的情绪状态,投入到数学学习活动之中,建立数学理智感.

(四) 激发数学热情

热情是指人参与活动或对待别人所表现出来的热烈、积极、主动、友好的情感或态度.学习热情是在求知需要的基础上,在学习活动过程中不断体验成功的喜悦,对学习意义的认识不断深化而逐步形成的.学生的数学学习活动是以数学认知活动为基础的,同时必然产生一定的情感体验.如果学生在学习过程中,始终保持良好的情绪状态,如心情愉快、充满热情,学习效率将会提高.如果学生经常处于抑郁寡欢、焦虑不安、紧张疲劳、自卑孤独、厌恶学习的状态下,这将严重影响学习潜能的发挥,对身心造成极大的伤害.大量实验结果表明,一旦学生对学习失去热情,长期拥有消极的情绪情感体验,他的思维、记忆等智力机能都会受到压抑和阻碍.因此,在教学中,激发学生学习数学的热情,增强数学学习的积极性、主动性,就能变"要我学"为"我要学",让学习数学的积极情感长久地持续下去.

在教学中,激发学生的数学热情,首先应该肯定学生学习数学的内在热情是促进学习的最有力、最稳定的动力.其次,只有抓住学生的兴趣特点:他们对运动变化的东西感兴趣,对美的东西感兴趣,对实验、操作感兴趣,对新颖的东西感兴趣,对竞赛和游戏等感兴趣,才能发展学生学习数学的内在热情.具体可以采用变式训练、多层练习、动手实验、妙趣横生的数学竞赛活动、品尝成功的喜悦等方法,激发学生学习数学的热情,促进数学学习情感的发展.

第三节 学习意志和学习习惯

一、学习意志和数学学习

意志是指人自觉地确定目的、支配自己的行动、克服各种困难,以实现预定目的的心理过程.意志是人的积极性的特殊形式,它不只是朝着我们感兴趣的目标坚定不移地去努力奋斗,更多的时候还要求我们克制自己的欲望、爱好,去做自己不喜欢,但又必须要去做的事情.

数学学习意志是直接支配和调节学生数学学习活动,以实现预定的学习目的和任务的心理过程.数学学习对学生来说是一项比较复杂的脑力劳动,它要求学生不但要学习一些学生感兴趣的东西,同时还要学习一些虽然没有兴趣,但又必须学习的东西,并且在学习过程中还常常会遇到各种各样的困难.数学学习意志对学生来讲,比天资聪明显得更为重要.因为数学不能靠死记硬背,而要深入理解和掌握,需要经常动脑思考,做到灵活运用,有时碰到一道难题要想几个小时乃至几天都还不一定能解决,所以没有克服困难的决心和长期坚持不懈的努力是学不好数学的.这也是许多人觉得数学最难的原因所在.因而,学生在学习活动过程中,必须做出意志的努力.如果缺乏坚强的数学学习意志,在学习过程中一旦遇上困难就容易产生动摇,半途而废.拔尖生要学好数学,仅凭智力不行,仅有兴趣也不够,还要有克服困难、刻苦钻研的意志.

二、数学学习意志的形成

从学习意志的内部心理机制来看,数学学习意志的形成可划分为学习决心、学习信心、学习恒心三个阶段.

(一) 学习决心

这是学习意志形成的第一阶段. 数学学习决心的产生不是轻而易举的,它需要经过一系列复杂的心理活动:认清数学客观对象,展开内部动机冲突,积极进行思维运作. 学习决心的产生主要表现在两个方面:一是确定行为目标. 每一个数学学习意志行为都有最终目标,最终目标的确定往往需要学生反复衡量、多次比较,然后以"学习决心—学习决定"的形式确定下来. 学习决心是学习决定的内部基础,而学习决定是学习决心的外部表现. 另一方面是选择达到学习目标的行为方式和方法. 选择什么样的方式来实现目标,可能与学习主体已有的知识、经验有关,也可能与学习主体的动机、目的有关. 但不论怎样,方式方法的最终选择,也必须以"学习决心—学习决定"的形式确定下来.

(二) 学习信心

这是数学学习意志形成的第二阶段. 在数学学习决心下定之后,还要经过一系列复杂的心理过程:首先要有自信感,相信自己的目标是可以实现的;其次要建立信念,树立对某种知识、技能学习好和解决好的坚定信念;最后要形成数学学习理想,力争在数学王国中做一个有成就的人. 数学学习理想越远大、越坚定,学习信心也就会越充足、越牢固.

学习信心的树立主要取决于三个方面的相关因素:一是学习活动的结果. 教学实践活动显示,一个人的学习信心与他的学习成功率成正相关,成功越多,期望越高,信心越大. 二是数学学习态度. 一般来说,凡是教师、家长、学生群体对自己的期望大、信任强度高,则会增强其学习信心. 三是自我评价能力. 一个人对自己的数学学习能力评价适当,就会增加信心,否则,就会产生自负或自卑的偏向. 这两种偏向都会影响一个人信心的树立.

(三) 学习恒心

这是数学学习意志形成的第三阶段. 在数学学习意志形成中,这一阶段具有更为本质的意义. 这是因为:一方面要善于抵制不符合学习目标的主观因素的干扰,做到面临重重诱惑而不为所动;另一方面要长久地维持已经开始的符合学习目标的行为,做到不论前进道路上有多大的障碍,都不要放弃对目标的执著追求.

上述数学学习意志形成的三个阶段密切联系,互相交织,彼此促进,缺一不可.在数学教学中,如果我们熟悉学习意志形成、发展和变化的特点,就能有效地培养和锻炼学生的数学学习意志.

三、数学学习意志的培养

(一) 开展理想教育,坚定学习信念

有了理想,就有了目标,也就有了意志行动的具体指向.在努力学习的过程中自然就会产生"不达目的,决不罢休"的意志.理想和目标是学习意志行为的坚实基础.一个人的理想愿望越远大,他的意志行为越持久.开展理想教育,引导学生把自己的行动与理想结合起来.比如,通过理想教育让学生明白:不管自己以后想成为科学家、建筑师、医学家、军事家还是教师等都离不开数学这一基础学科.科学家需要数学知识进行演算设计,建筑师需要数学知识计算面积及用材多少,医学家需要数学知识来搭配药性和药量的比例,军事家需要数学知识来进行高科技的武器装备等等;同时告诉他们即使在日常生活中,也处处离不开数学.从而培养学生顽强的学习意志.

(二) 利用典型引路,强化榜样力量

中学生具有心理波动大、易受暗示的特点.一方面他们在遇到困难、挫折、失败时,缺乏仔细、全面和周到的考虑,匆忙做出决定并付诸行动.有时容易受外界干扰和不良情绪的影响,缺乏足够的力量和方法去排除或抑制这些干扰,于是表现出懒于思考、鲁莽行事等草率冒失的不良意志品质特征.另一方面,当他们遇到困难、挫折、失败时,会表现出一些动机冲突,担心行动会造成不良后果,怀疑自己所做决定的正确性,患得患失,犹豫不决,常常在不同的目的、手段之间摇摆不定.但是,他们往往喜欢将自己的理想寄托于一个具体的形象,以其为自己的榜样,希望自己通过不断的努力朝着榜样的目标靠近.这些榜样一般

包括伟大人物、著名人物、校内班内等的先进人物.

榜样的力量是无穷的,特别是对于可塑性较大的中学生.所以应让他们学有榜样,赶有目标.如可向学生介绍古代数学家的故事:西方理性数学的创始人——毕达哥拉斯的勤奋好学;多产的数学大师——欧拉,在 59 岁时双目失明的情况下仍立下誓言:"如果命运是块顽石,我就化作大铁锤,将它砸得粉碎!"他在黑暗中继续完成了 400 多篇论文和许多专著;杰出的女数学家——爱米·诺特,由于出生在一个犹太人家庭,又是一位女性,受尽了巨大的屈辱,但她却顽强地与命运抗争,把全部的精力献给了她所热爱的事业,成为历史上最伟大的女性之一等.同时还可以选择本班内数学取得好成绩的学生,让他们介绍自己的学习方法,以及如何在业余时间不断学习,使成绩很快提高的事迹.从而使学生学有榜样,进一步强化"我要学好数学"的决心.

(三) 加强实践锻炼,磨练坚强意志

马卡连柯指出,坚强的意志——不但要具有想什么就能获得什么的那种本事,还要具有迫使自己在必要时放弃什么的那种本事……没有制动器就不可能有汽车,而没有克制,也就不可能有任何意志.磨炼教育是人才培养的重要一环.古往今来,众多蜚声政坛、学术界的名人志士,都经历了种种"磨难"的考验."自古雄才多磨难,从来纨绔少伟男."磨炼坚强意志应该从小事做起,因为小事能反映一个人的意志,高尔基曾说过:"哪怕是对自己的一点小小的克制,也会使人变得刚强有力!"要善于用身边的小事来培养自己的意志,从中反观自身的弱点、缺点,坚持去克服它.从小事做起,从现在做起,持之以恒,这样才能培养自己的意志品质.比如,每天坚持熟记一些经典话语,用于鼓励督促自己.引导学生通过参与克服困难和持之以恒的实践活动来增强自己的学习意志,培养顽强拼搏的斗志和坚忍不拔的精神.

四、学习习惯和数学学习

学习有两种表现,一种是不稳定的、有条件的;另一种是无条件的、自动的、带有情绪色彩的.前一种是不经常的行为,后一种则形成了习惯.心理学家朱智

贤教授认为,习惯是人在一定情境下自动化地去进行某种动作的需要或倾向.良好的学习习惯,能使学习从内心出发,不走弯路而达到学习目的;不良的习惯则会给学习带来困难.

新课程倡导主动参与、乐于研究、勤于动手的学习方式,使课堂更加富有生机,充满活力,使学生成为课堂的主人.新课程更关注学生良好学习习惯的培养.良好的学习习惯,是学习知识、培养能力、发展智力的重要条件.只有具备良好的数学学习习惯和积极的学习心态,才能使学生从"要我学"转到"我要学","用内心的创造与体验来学习数学",用数学的眼光去解释外界事物,热心于解决客观世界中存在的数学问题,从而真正提升自身的数学素养.

五、养成良好的数学学习习惯

(一) 勤于思考

勤于思考可以加深对知识的理解.尤其是数学,不认真思考,数学成绩是很难得到提高的.如果一个学生不懂得思考,那么他只能做知识的奴隶.知识的学习重在理解,理解只能通过思考才能实现.经常地、认真地思考数学问题,可以不断解开学习上的疑团,激发灵感,真正领悟和深入地掌握数学知识,理清数学中各知识点的联系,有利于数学认知结构的构建.勤于思考还表现在对知识的整体把握上,注意知识的相互联系和融会贯通.例如,在高中空间几何这一节中,线线平行、线面平行、面面平行,以及线线垂直、线面垂直、面面垂直都是能够相互转化的.要引导学生掌握知识的横向和纵向联系,形成知识网络结构,以便在积极思考问题的时候产生一些闪光的火花.

(二) 专心听讲

课堂是学生获取知识的主要阵地.课堂上学生是否专心学习,是否具有学习的主动性,主要在于教师的组织、引导,以及课堂的合作交流.培养学生专心听课的习惯主要有两个方面:第一,指在课堂上,精力要集中,不做与学习无关的事情,要认真倾听教师的点拨、指导,抓住新旧知识的联系和新知识的生长点,弄清概念、公式的来龙去脉,理解教师讲课的内容,遇到不明白的地方要及时提出,以便当堂解决.第二,认真倾听其他同学的发言,对他人的观点、回答能做出客观评价和必要的补充.在教学中,教师应充分利用一切机会创造条件,使学生在课堂教学中集中精力,专心听讲,大胆发言,逐步养成良好的学习习惯.

(三) 预习和复习

有效的预习能提高学生学习新知识的目的性和上课听讲的效率,改变被动学习局面;同时也是培养学生自学习惯,提高自学能力的有效途径.数学学科的学习,应该重视课前预习习惯的培养.有些课上没有条件、没有时间做的活动,教师可以让学生课前去做,这样既让学生学会了学习,也节约了课堂的时间.及时复习和定期巩固对于提高学习效率具有十分重要的意义.复习可以一个人单独回忆,也可以几个人在一起互相启发、补充回忆.一般按着教师板书的提纲进行复习,从课题到重点内容,再到例题的每部分细节,循序渐进地进行复习.引导学生在复习的过程中及时整理笔记,找出自己的盲点和不懂的地方,并及时进行弥补.复习过的内容还需要定期巩固,只是复习的次数随时间的增长而逐步减少,间隔也可以逐渐拉长.可以当天巩固新知识,每周进行周小结,每月进行阶段性总结,期中、期末进行全面系统的学期复习.

(四) 勤于反思

《学记》中说:"学然后知不足,教然后知困.知不足,然后能自反也;知困,然后能自强也."在教学活动中,要注重为学生创设"创新"的实践活动,比如,解完一道题后不能只停留在满足得到的结论上,而应引导学生学会反思:或反思解题思路;或反思此类问题有无规律可循;或改变条件或结论,根据题目的基本特征,多角度寻找解题途径.从而培养学生多角度思考和解决问题的习惯,锻炼他们思维的多向性和灵活性.通过"你能想出不同的方法吗"、"你还能想到什么"、"你能从另外一个角度看问题吗"等言语启发和诱导,鼓励学生敢想、敢说,培养学生的创新思维习惯.促使学生反思解题过程,探索解题规律,为以后进一步学习铺平一条可持续发展之路.养成反思的习惯需要经过一个长期的过程,教师对学生反思习惯的培养贵在从点滴做起,要抓住时机,让学生在复习整理的过程中学会有效地对一个阶段的学习过程进行反思.如果教师能够不断总结并付诸实践,一定能帮助学生养成良好的反思习惯,从而提高他们各方面的学习能力.

(五) 审题和检查

数学要求逻辑严密、计算准确,来不得半点马虎.在数学教学和学生作业中,要注重培养学生严肃认真、一丝不苟的态度和格式规范的习惯.这对学生优良品质的形成和以后学习、生活都有很大好处.审题是正确解题的前提,养成认真审题的习惯,不但能够保证正确、迅速地解题,而且能使学生形成做事细心、踏实的品质.多数学生在数学学习中,常热心于解题,一旦做完,便万事大吉,不愿回头检查.检查是必需的,不是可有可无的事情!检查不是学习负担,而是提高学习效率的保证.解题后要指导学生学会检查:第一种方法是直接看解题过程检查,第二种方法是通过重新做一遍检查,第三种方法是把前两种方法结合起来.教师应该指导学生根据不同的时间和不同的类型选择不同的检查方法,引导学生养成解题要检查的习惯.

此外,良好的学习习惯还包括学会分类、学会积累、勇于质疑、敢于发问、合作交流、团结协作的习惯,用数学眼光观察事物分析问题的习惯,运用数学语言进行学习交流的习惯等.在学习习惯的培养过程中,教师应以正面教育为主,多给各种良好学习习惯以正强化,严格要求学生.由于学生模仿能力很强,教师的习惯常常会对学生起潜移默化的作用,所以,在教学过程中,教师也要注意自己的行为习惯对学生的榜样作用.要求学生做到的,自己必须先做到,如积极思考、认真审题、认真书写解题过程等.

在数学学习活动过程中,智力因素与非智力因素两者缺一不可,共同制约着学生的科学文化素质的提高,其中非智力因素具有非常重要的作用.学生的非智力因素对于提高学生的数学学习效果,塑造学生完美的人格,促进学生全面、持续、和谐发展有着积极的意义.因此,我们在数学教育教学活动中应当注重学生的非智力因素的培养.

第三章

拔尖创新潜质生的数学思维模式

所谓思维模式是指一个人看待事物、思考问题、分析问题的常用观点、方法和思考方式.人的思维模式通常有两种,一种是资源导向式,另一种是目标导向式.资源导向式思维模式是指从自己手头现有的资源出发,按照自己的能力和资源步步向前推进.目标导向式思维模式是指思考问题从目标出发,根据目标要求来规划实施途径.就数学而言也有其常用的数学思维模式.

第一节　常用的数学思维模式

一、化归思维模式

化归是一种重要的数学思维模式,是解决数学问题的一种重要的思想和方法,也是数学家思考和解决问题的基本原则.转化问题是解决问题的关键,转化的思想就是化归的思想,通过不断地转化,把不熟悉的问题转化为熟悉的问题,把抽象的问题转化为具体的问题,把不规范的问题转化为规范的问题.转化常有:化繁为简;化生为熟;化难为易;化未知为已知;化抽象为直观等.

化归的模式如图 3-1-1 所示.

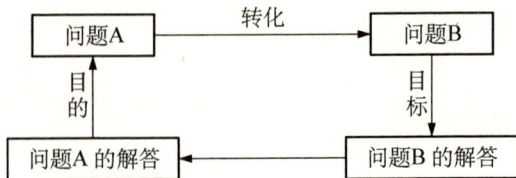

图 3-1-1

化归有以下几种常用方法:

1. 一般化特殊

例 1　我们知道,在 $\triangle ABC$ 中,若三边 a、b、c 满足 $c^2 = a^2 + b^2$,则 $\triangle ABC$ 是直角三角形,现在请你研究:若 $c^n = a^n + b^n (n > 2, n \in \mathbf{N})$,问 $\triangle ABC$ 为何种三角形?为什么?

分析　该问题是具有开放性的探索性问题,如果从条件 $c^n = a^n + b^n (n > 2, n \in \mathbf{N})$ 直接考虑,不易下手. 可先在特殊情形下探求命题结论,然后再给出一般性的证明.

解　令 $n = 3$, $a = 1$, $b = 1$,则 $c = \sqrt[3]{2} \approx 1.26$,易知 $\triangle ABC$ 为锐角三角形.

上述特殊值实验的结论具有一般性,用分析法证明如下:

∵ $c^n = a^n + b^n$,

∴ $c > a$, $c > b$.

由于 c 是 $\triangle ABC$ 的最大边,所以只要证明角 C 是锐角,即证明 $\cos C > 0$ 即可.

因为 $\cos C = \dfrac{a^2 + b^2 - c^2}{2ab}$,故只须证明 $a^2 + b^2 > c^2$,而题设 $c^n = a^n + b^n$,

可构造函数 $f(x) = \left(\dfrac{a}{c}\right)^x + \left(\dfrac{b}{c}\right)^x$.

∵ $c > a$, $c > b$,

∴ $0 < \dfrac{a}{c} < 1$, $0 < \dfrac{b}{c} < 1$,

∴ $f(x)$ 在 $(0, +\infty)$ 上是减函数.

∵ $n > 2$,

∴ $f(n) < f(2)$,即 $\left(\dfrac{a}{c}\right)^n + \left(\dfrac{b}{c}\right)^n < \left(\dfrac{a}{c}\right)^2 + \left(\dfrac{b}{c}\right)^2$,

∴ $\left(\dfrac{a}{c}\right)^2 + \left(\dfrac{b}{c}\right)^2 > \dfrac{a^n + b^n}{c^n} = 1$,即 $a^2 + b^2 > c^2$,

∴ $n > 2$ 时,$\triangle ABC$ 是锐角三角形.

再如:如图 3-1-2,过抛物线 $y = ax^2 (a > 0)$ 的焦点作一直线与抛物线交于 P、Q 两点,若线段 PF、PQ 的长度分别为 p、q,则 $\dfrac{1}{p} + \dfrac{1}{q}$ 的值为(　　).

(A) a　　　　(B) $\dfrac{2}{3}a$

(C) $2a$　　　　(D) $4a$

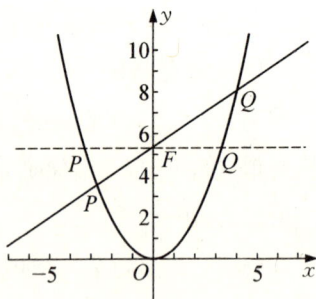

图 3-1-2

分析 由选择支可以看出,PQ 运动时,$\dfrac{1}{p}+\dfrac{1}{q}$ 的值为常量,于是将 PQ 特殊化,如图 3-1-2,使之平行于 x 轴,则有 $|PF|=|PQ|=|OF|=\dfrac{1}{2a}$,则 $\dfrac{1}{p}+\dfrac{1}{q}=4a$,选 D.

2. 降元降次

一些问题有的未知元素多,有的幂指数次数高,将这类问题通过"降元降次"转化为未知元个数较少、幂指数次数较低的问题,是解题的基本思路.

例2 已知 $(x-2)^2+2y^2=1$,求 $2y^2-3x$ 的最大值.

分析 已知和所求式子中均出现 x、y 两个元,方程 $(x-2)^2+2y^2=1$ 可用其中一个元表示出另一元,从而转化为一个元的问题.

解 由 $(x-2)^2+2y^2=1$,有 $2y^2=1-(x-2)^2\geqslant 0$.

又 ∵ $(x-2)^2\leqslant 1$,

∴ $1\leqslant x\leqslant 3$.

令 $t=2y^2-3x=1-(x-2)^2-3x=-\left(x-\dfrac{1}{2}\right)^2-\dfrac{11}{4}$,易知函数在 [1,3] 上单调递减,

∴ 当 $x=1$ 时,$t_{\max}=-3$.

评析 对该问题,如果令 $x-2=\cos\theta,\sqrt{2}y=\sin\theta$,将 x、y 均表示为一个元 θ 的关系,也易于解答.

再如:已知 $m^2+m-1=0$,求代数式 m^3+2m^2-2013 的值.

分析 若由方程 $m^2+m-1=0$ 解出 m 的值代入所求式子,将陷入繁杂的运算. 由于 $m^2=1-m$,这样就将 m^2 化为 $1-m$ 这一个一次式,从而将高次化为了低次.

由 $m^2+m-1=0$,得 $m^2+m=1$,$m^2=1-m$.

∴ $m^3+2m^2-2013=m(1-m)+2m^2-2013=m^2+m-2013=1-$

$2013 = -2012.$

3. 化繁为简

例 3 已知实数 x、y 满足于 $\begin{cases} (x-2)^{2013} + 2012(x-2) = 1, \\ (y+1)^{2013} + 2012(y+1) = -1, \end{cases}$ 求 $x+y$ 的值.

分析 尽管题中数字大、指数高,但仔细观察,发现两个方程的左边结构相同,即为 $t^{2013} + 2012t$ 的形式,于是可以令 $f(t) = t^{2013} + 2012t(t \in \mathbf{R})$,使结构简化.

解 令 $f(t) = t^{2013} + 2012t(t \in \mathbf{R})$.

∵ $f(-t) = (-t)^{2013} + 2012(-t) = -(t^{2013} + 2012t) = -f(t)$,

∴ $f(t)$ 为奇函数.

∵ $f(y+1) = -1$,

∴ $f(-y-1) = -f(y+1) = 1$.

又∵ $f'(t) = 2013t^{2012} + 2012 > 0$,

∴ $f(t)$ 在 $\mathbf{R}$ 上是单调递增函数.

又∵ $f(x-2) = 1$,

∴ $x - 2 = -y - 1$,

∴ $x + y = 1$.

评析 一些问题往往出现比较繁杂的条件,将繁杂的条件化简,常能找到突破口.

再如:设定义在 $\mathbf{R}$ 上的函数 $f(x)$ 满足 $f(x)f(x+2) = 13$,若 $f(1) = f(2) = 2$,求 $f(2011)$ 的值.

分析 直接由条件迭代算出 $f(2011)$ 较难处理,分析条件 $f(x)f(x+2) = 13$ 是破解问题的关键.

∵ $f(x)f(x+2) = 13$ 且 $f(1) = 2$,

∴ $f(3) = \dfrac{13}{f(1)} = \dfrac{13}{2}$, $f(5) = \dfrac{13}{f(3)} = 2$, $f(7) = \dfrac{13}{f(5)} = \dfrac{13}{2}$, $f(9) = \dfrac{13}{f(7)} = 2 \cdots \cdots$

$$\therefore f(2n-1) = \begin{cases} 2, & n \text{ 为奇数}, \\ \dfrac{13}{2}, & n \text{ 为偶数}, \end{cases}$$

$$\therefore f(2011) = f(2 \times 1006 - 1) = \frac{13}{2}.$$

4. 化未知为已知

例 4　求 $y = \sin x + \cos x + 2\sin x\cos x + 2$ 的值域.

分析　由于 $\sin x + \cos x$ 与 $\sin x\cos x$ 存在关系:$(\sin x + \cos x)^2 = 1 + 2\sin x\cos x$,于是可将 $\sin x\cos x$ 转化为 $\sin x + \cos x$ 的形式,进而转化为熟知的二次函数值域问题.

解　设 $\sin x + \cos x = t$,则有 $t^2 = (\sin x + \cos x)^2 = 1 + 2\sin x\cos x$,$t \in [-\sqrt{2}, \sqrt{2}]$.

$$\therefore 2\sin x\cos x = t^2 - 1.$$

$$\therefore \text{原式变为} \quad y = t + (t^2 - 1) + 2 = t^2 + t + 1$$
$$= \left(t + \frac{1}{2}\right)^2 + \frac{3}{4}, \ t \in [-\sqrt{2}, \sqrt{2}].$$

由二次函数知识可知:

当 $t = -\dfrac{1}{2}$ 时,$y_{\min} = \dfrac{3}{4}$;当 $t = \sqrt{2}$ 时,$y_{\max} = 3 + \sqrt{2}$.

$$\therefore \text{函数值域为} \left[\frac{3}{4}, 3 + \sqrt{2}\right].$$

5. 化抽象为具体

例 5　如图 $3-1-3$,对任意函数 $f(x)(x \in D)$,可按图示构造一个数列发生器,其工作原理如下:

① 输入数据 $x_0 \in D$,经数列发生器输出 $x_1 = f(x_0)$;

② 若 $x_1 \notin D$,则数列发生器结束工作;若 $x_1 \in D$,则将 x_1 反馈回输入端,再输出 $x_2 = f(x_1)$,并依此规律继续下去. 现定义 $f(x) = \dfrac{4x - 2}{x + 1}$.

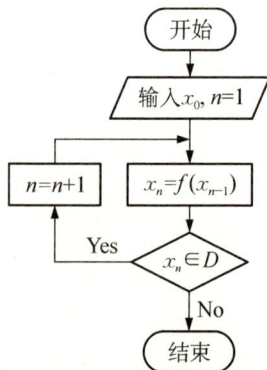

（1）若输入 $x_0 = \dfrac{49}{65}$,则由数列发生器产生数列

图 3-1-3

$\{x_n\}$,请写出$\{x_n\}$的所有项;

(2) 若要数列发生器产生一个无穷的常数列,试求输入的初始数据x_0的值;

(3) 若输入x_0时,产生的无穷数列$\{x_n\}$,满足对任意正整数n均有$x_n < x_{n+1}$,求x_0的取值范围.

分析 此题富有新意,是综合性、抽象性较强的题目,解题的关键就是应用转化思想将题意条件转化为数学语言.

解 (1) ∵ $f(x)$的定义域$D = (-\infty, -1) \bigcup (-1, +\infty)$,

∴ 数列$\{x_n\}$只有三项:$x_1 = \dfrac{11}{19}$, $x_2 = \dfrac{1}{5}$, $x_3 = -1$.

(2) ∵ $f(x) = \dfrac{4x - 2}{x + 1} = x$,即$x^2 - 3x + 2 = 0$,

∴ $x = 1$或$x = 2$,即$x_0 = 1$或$x_0 = 2$时,$x_{n+1} = \dfrac{4x_n - 2}{x_n + 1} = x_n$,

∴ 当$x_0 = 1$时,$x_n = 1$;当$x_0 = 2$时,$x_n = 2(n \in \mathbf{N}^*)$.

(3) 解不等式$x < \dfrac{4x - 2}{x + 1}$,得$x < -1$或$1 < x < 2$.

要使$x_1 < x_2$,则$x_1 < -1$或$1 < x_1 < 2$.

对于函数$f(x) = \dfrac{4x - 2}{x + 1} = 4 - \dfrac{6}{x + 1}$,

若$x_1 < -1$,则$x_2 = f(x_1) > 4$,$x_3 = f(x_2) < x_2$;

若$1 < x_1 < 2$时,$x_2 = f(x_1) > x_1$且$1 < x_2 < 2$.

依次类推可得数列$\{x_n\}$的所有项均满足$x_n < x_{n+1}(n \in \mathbf{N}^*)$.

综上所述,$x_1 \in (1, 2)$.

由$x_1 = f(x_0)$,得$x_0 \in (1, 2)$.

评析 本题主要考查阅读审题、综合理解的能力,涉及函数求值的简单运算、方程思想的应用,解不等式及化归转化思想的应用.

再如:定义一种运算"※"对于正整数满足以下运算性质:

(1) $2 ※ 2009 = 1$;

(2) $(2n + 2) ※ 2009 = 3 \times [(2n) ※ 2009]$.

则$\log_3(2008 ※ 2009) = $ _____.

分析 上述运算很抽象，不易理解，转化为数列问题，记 $a_n = (2n) ※ 2009$ 即可. 则原问题等价转化为：已知 $a_1 = 1$，$a_{n+1} = 3a_n$，求 $\log_3 a_{1004}$ 的值.

二、类比联想思维模式

波利亚说："类比是一个伟大的引路人."数学解题与数学发现一样，通常是通过类比、归纳、联想等探测性方法进行探索的.

所谓类比，就是由两个对象的某些相同或相似的性质，推断它们在其他性质上也可能相同或相似的一种推理形式.

联想是由某种事物而想到其他相关事物的思维活动. 当我们遇到一个数学问题时，常常联想与之类似的问题、类似的解法，有利于问题的解决.

《普通高中数学课程标准》中明确要求"能利用归纳和类比等进行简单推理"，类比是合情推理常用的思想方法.

类比可探索新知. 通过类比可以探索出很多新知识、新方法，寻求出与众不同的解题思路. 类比是从特殊到特殊的一种猜测、推理，是从一个已知的领域去探索另一个未知的领域，这正符合学生的好奇心理，因此运用类比可以极大地激发学生的兴趣，使其主动地探索、研究新的知识. 如由平面向量的"若 $\overrightarrow{OP} = \lambda\overrightarrow{OA} + \mu\overrightarrow{OB}$，且 $\lambda + \mu = 1$，则 P、A、B 三点共线"，通过类比可以得出空间向量的"若 $\overrightarrow{OP} = x\overrightarrow{AO} + y\overrightarrow{OB} + z\overrightarrow{OC}$，且 $x + y + z = 1$，则 P、A、B、C 四点共面".

类比也是数学发现与创新的重要手段. 大数学家拉普拉斯说："在数学王国里，发现真理的主要工具就是归纳和类比."当遇到一个陌生的问题时，如果有类比的意识，就会联想一个在形式或方法上较为熟悉的问题来进行类比，发现其内在联系，架起桥梁，沟通知识与知识、方法与方法之间的关联，激活思维，从而提高思维能力. 例如：由分数的性质类似地推测分式的性质；由直线与圆的位置关系类似地推测直线与圆锥曲线的位置关系；由等差数列的性质类似地推测等比数列的性质；由平面几何的性质类似地推测立体几何的性质等.

类比是一种主观的不充分的似真推理，因此，要确认其猜想的正确性还必须经过严格的逻辑论证.

(一) 在式子结构上类比联想

例 6　设 $f(x)$ 定义在 $(0,1)$ 上,对任意 m,$n \in (1,+\infty)$ 且 $m < n$ 都有

$f\left(\dfrac{1}{m}\right) - f\left(\dfrac{1}{n}\right) = f\left(\dfrac{m-n}{1-mn}\right)$,记 $a_n = f\left(\dfrac{1}{n^2+5n+5}\right)$,则 $a_1 + a_2 + a_3 + \cdots +$

$a_8 = ($　　$).$

(A) $f\left(\dfrac{1}{2}\right)$　　　(B) $f\left(\dfrac{1}{3}\right)$　　　(C) $f\left(\dfrac{1}{4}\right)$　　　(D) $f\left(\dfrac{1}{5}\right)$

分析　找到 $a_n = f\left(\dfrac{1}{n^2+5n+5}\right)$ 与 $f\left(\dfrac{1}{m}\right) - f\left(\dfrac{1}{n}\right) = f\left(\dfrac{m-n}{1-mn}\right)$ 之间存在

的关系是解题的关键,由于两者相距甚远,于是考虑其变形.

解　$a_n = f\left(\dfrac{1}{n^2+5n+5}\right) = f\left(\dfrac{1}{(n^2+5n+6)-1}\right) = f\left(\dfrac{1}{(n+2)(n+3)-1}\right)$

$\quad = f\left(\dfrac{(n+3)-(n+2)}{(n+2)(n+3)-1}\right) = f\left(\dfrac{(n+2)-(n+3)}{1-(n+2)(n+3)}\right)$

$\quad = f\left(\dfrac{1}{n+2}\right) - f\left(\dfrac{1}{n+3}\right),$

即 $a_n = f\left(\dfrac{1}{n+2}\right) - f\left(\dfrac{1}{n+3}\right).$

∴ $a_1 + a_2 + a_3 + \cdots + a_8 = f\left(\dfrac{1}{3}\right) - f\left(\dfrac{1}{4}\right) + f\left(\dfrac{1}{4}\right) - f\left(\dfrac{1}{5}\right) + \cdots + f\left(\dfrac{1}{10}\right) -$

$f\left(\dfrac{1}{11}\right) = f\left(\dfrac{1}{3}\right) - f\left(\dfrac{1}{11}\right) = f\left(\dfrac{3-11}{1-33}\right) = f\left(\dfrac{1}{4}\right)$,选 C.

再如:已知函数 $f(x) = ax + b$,$3a^2 + 4b^2 = 12$,求证:当 $x \in [-1,1]$ 时,

$|ax+b| \leqslant \sqrt{7}.$

分析　由 $3a^2 + 4b^2 = 12$ 的形式联想类比到椭圆的标准形式 $\dfrac{x^2}{4} + \dfrac{y^2}{3} = 1$,故

设 $a = 2\cos\theta$,$b = \sqrt{3}\sin\theta$,有 $|ax+b| = |2x\cos\theta + \sqrt{3}\sin\theta| \leqslant \sqrt{(2x)^2 + 3} \leqslant$

$\sqrt{7}(-1 \leqslant x \leqslant 1).$

(二) 在数量关系上类比联想

例 7　实数 x、y 满足 $\dfrac{(x-1)^2}{9} + \dfrac{(y+1)^2}{16} = 1$,若 $x + y - k > 0$ 恒成立,求

k 的取值范围.

分析   由等式 $\frac{(x-1)^2}{9}+\frac{(y+1)^2}{16}=1$ 的数量关系,类比式子 $a^2+b^2=1$,联想到 $\cos^2\alpha+\sin^2\alpha=1$,于是实施三角换元.

解   设 $\frac{x-1}{3}=\cos\alpha,\frac{y+1}{4}=\sin\alpha$,

即 $\begin{cases}x=1+3\cos\alpha,\\y=-1+4\sin\alpha,\end{cases}$ 代入 $x+y-k>0$,得

$3\cos\alpha+4\sin\alpha-k>0$,即 $k<3\cos\alpha+4\sin\alpha=5\sin(\alpha+\varphi)$ 恒成立.

∴ $k<-5$ 时不等式 $x+y-k>0$ 恒成立.

再如:在等差数列 $\{a_n\}$ 中,若 $a_{10}=0$,则有等式 $a_1+a_2+\cdots+a_n=a_1+a_2+\cdots+a_{19-n}(n<19,n\in\mathbf{N}^*)$ 成立,类比上述性质,相应地:在等比数列 $\{b_n\}$ 中,若 $b_9=1$,则有等式_____成立.

分析   本题考查等差数列与等比数列的类比. 我们知道:等差数列用减法定义,性质用加法表述:若 $m+n=p+q$,则 $a_m+a_n=a_p+a_q(m,n,p,q\in\mathbf{N}^*)$;等比数列用除法定义,性质用乘法表述:若 $m+n=p+q$,则 $a_ma_n=a_pa_q(m,n,p,q\in\mathbf{N}^*)$. 由此,猜测本题的答案为:$b_1b_2\cdots b_n=b_1b_2\cdots b_{17-n}(n<17,n\in\mathbf{N}^*)$,请你证明.

(三) 在数与形关系上类比联系

例 8   当 m 为何值时,方程 $\sin^2 x-\sin x+m=0\left(-\frac{\pi}{2}\leqslant x\leqslant\frac{\pi}{2}\right)$ 有唯一解?有两解?无解?

分析   方程 $\sin^2 x-\sin x+m=0$ 是一元二次方程结构,类比二次函数,由二次函数图象直观地解决问题.

解   令 $t=\sin x$,由于 $-\frac{\pi}{2}\leqslant x\leqslant\frac{\pi}{2}$,所以 $-1\leqslant t\leqslant 1$.

设 $y=t^2-t(-1\leqslant t\leqslant 1)$,则 $y=-m$.

由图 3-1-4 可知:

当 $m>\frac{1}{4}$ 或 $m<-2$ 时,原方程无解;

当 $m = \dfrac{1}{4}$ 或 $-2 \leqslant m < 0$ 时原方程有唯

一解;

当 $0 \leqslant m < \dfrac{1}{4}$ 时,原方程有两解.

再如:已知椭圆具有性质:若 M、N 是椭圆 C 上关于原点对称的两个点,点 P 是椭圆上任意一点,当直线 PM、PN 的斜率都存在,并记为 k_{PM}、k_{PN} 时,那么 k_{PM} 与 k_{PN} 之积是与点 P 的位置

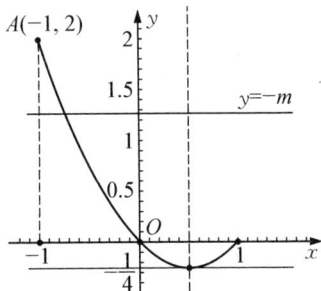

图 3-1-4

无关的定值.试对双曲线 $\dfrac{x^2}{a^2} - \dfrac{y^2}{b^2} = 1$ 写出具有类似特性的性质,并加以证明.

分析 类似的性质为:若 M、N 是双曲线 $\dfrac{x^2}{a^2} - \dfrac{y^2}{b^2} = 1$ 上关于原点对称的两个点,点 P 是双曲线上任意一点,当直线 PM、PN 的斜率都存在,并记为 k_{PM}、k_{PN} 时,那么 k_{PM} 与 k_{PN} 之积是与点 P 的位置无关的定值.

证明 设点 M、P 的坐标分别为 (m, n)、(x, y),则 $N(-m, -n)$.

因为点 $M(m, n)$ 在已知双曲线上,所以 $n^2 = \dfrac{b^2}{a^2} m^2 - b^2$.同理 $y^2 = \dfrac{b^2}{a^2} x^2 - b^2$.

则 $k_{PM} \cdot k_{PN} = \dfrac{y-n}{x-m} \cdot \dfrac{y+n}{x+m} = \dfrac{y^2 - n^2}{x^2 - m^2} = \dfrac{b^2}{a^2} \cdot \dfrac{x^2 - m^2}{x^2 - m^2} = \dfrac{b^2}{a^2}$(定值).

三、数形结合思维模式

数形结合是数学解题中常用的思想方法,使用数形结合,很多问题能迎刃而解,且解法简捷.所谓数形结合,就是根据数与形之间的对应关系,通过数与形的相互转化来解决数学问题.数形结合思想通过"以形助数,以数解形",使复杂问题简单化、抽象问题具体化,能够变抽象思维为形象思维,有助于把握数学问题的本质,它是数学的规律性与灵活性的有机结合.

著名数学家华罗庚说:"数缺形时少直观,形少数时难入微,数形结合万般好,形数分离万事休."这是对数形结合很好的概括.

实现数形结合,常与以下内容有关:①实数与数轴上的点的对应关系;②函

数与图象的对应关系；③曲线与方程的对应关系；④以几何元素和几何条件为背景建立起来的概念，如复数、三角函数等；⑤所给的等式或代数式的结构含有明显的几何意义；⑥几何图形中的数量关系，如斜率 k，截距 b，椭圆中的 a、b、c 等.

数形结合常通过以下形式转换：

（一）构造函数，实现转化

例 9　方程 $\sqrt{1-x^2}-|ax|=0(a\in\mathbf{R})$ 解的个数是（　　）.

(A) 4 个　　　(B) 2 个　　　(C) 0 个　　　(D) 与 a 的取值有关

分析　本题若通过平方直接用代数方法求解，需对参数进行讨论. 若构造两函数 $y=\sqrt{1-x^2}$ 和 $y=|ax|$，两者均有简洁的图形，借助图形求解更方便快捷.

解　令 $y=\sqrt{1-x^2}$，则有

$y^2=1-x^2(y\geqslant 0)$，即 $x^2+y^2=1(y\geqslant 0)$.

又令 $y=|ax|$.

如图 3-1-5，分别作出两函数的图象，由图可知两函数有两个交点，选 B.

再如：若不等式 $x^2+px>4x+p-3$ 对一切 $0\leqslant p\leqslant 4$ 均成立，则实数 x 的取值范围为_____.

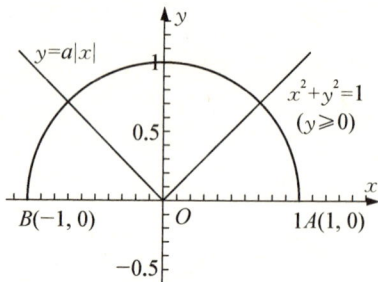

图 3-1-5

分析　题中 p 的范围是已知的，x 的范围为所求，随 p 的变化 x 的范围也发生了相应的变化，故可整理构建关于 p 的函数 $g(p)$，以 x 为参数，转化为 $p\in[0,4]$ 上 $g(p)$ 与 0 的大小关系进行求解.

$\because x^2+px>4x+p-3$，

$\therefore (x-1)p+x^2-4x+3>0$.

令 $g(p)=(x-1)p+x^2-4x+3$，当 $x=1$ 时，原不等式不成立；当 $x\neq 1$ 时，$g(p)$ 为一次函数.

要使它对 $0\leqslant p\leqslant 4$ 均有 $g(p)>0$，根据一次函数图象只要有 $\begin{cases}g(0)>0,\\ g(4)>0,\end{cases}$

∴ $x > 3$ 或 $x < -1$.

(二) 构造几何图形实现转化

例10　已知:$a, b \in \mathbf{R}_+, a + b = 1$,求证:$\left(a + \dfrac{1}{a}\right)^2 + \left(b + \dfrac{1}{b}\right)^2 \geqslant \dfrac{25}{2}$.

分析　根据式子的结构特征,可化归为两曲线上两动点的距离的平方的最小值,数形结合解决.

解　构造动点 $M(a, b)$ 及 $N\left(-\dfrac{1}{a}, -\dfrac{1}{b}\right)$,由 $a > 0, b > 0$,且 $a + b = 1$,

设点 N 的参数方程为 $\begin{cases} x = -\dfrac{1}{a}, \\ y = -\dfrac{1}{b}, \end{cases}$ 则有 $-\dfrac{1}{x} - \dfrac{1}{y} = 1$,即 $y = -1 - \dfrac{1}{x+1}(x < 0,$

$y < 0)$.于是,$N(x, y)$、$M(x, y)$ 分别在如图 3-1-6 所示的曲线 $y = -1 -$

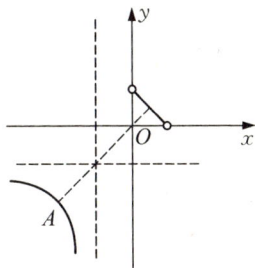

$\dfrac{1}{x+1}(x < 0, y < 0)$ 和 $x + y = 1(x > 0, y > 0)$ 上运动,所求最小值为两曲线上两动点的距离的平方的最小值.由图易得,其距离最小值化为特殊点 $A(-2, -2)$ 到 $x + y = 1$ 的距离 $d = \dfrac{|-2 - 2 - 1|}{\sqrt{2}} = \dfrac{5}{\sqrt{2}}$.

故 $\left(a + \dfrac{1}{a}\right)^2 + \left(b + \dfrac{1}{b}\right)^2 \geqslant \dfrac{25}{2}$.

图 3-1-6

再如:求函数 $s = \sqrt{t-1} + \sqrt{3-t}$ 的最大值.

分析　$(\sqrt{t-1})^2 + (\sqrt{3-t})^2 = 2$,可构造图形解决.

设 $\sqrt{t-1} = x$,$\sqrt{3-t} = y$,则有

$$\begin{cases} x^2 + y^2 = 2, \\ x + y = s \end{cases} (x \geqslant 0, y \geqslant 0).$$

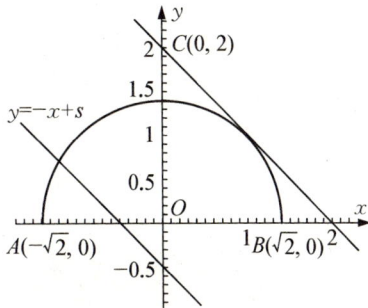

问题转化为直线 $y = -x + s$ 与圆弧有公共点时,直线在 y 轴上的截距 s 的最大值.

由图 3-1-7 易知,当直线过 $(2, 0)$ 时,

图 3-1-7

$s_{\max} = 2.$

(三) 利用数量的几何意义实现转化

例 11 已知 x、y 满足 $y = \sqrt{3 - x^2}$，$m = \dfrac{y+1}{x+3}$，$b = 2x + y$，求 m、b 的取值范围.

分析 $m = \dfrac{y+1}{x+3} = \dfrac{y-(-1)}{x-(-3)}$ 为两点所在直线的斜率.

将 $b = 2x + y$ 变形为 $y = -2x + b$，b 为直线在 y 轴上的截距.

解 将 $y = \sqrt{3 - x^2}$ 变形为 $x^2 + y^2 = 3 (y \geqslant 0)$.

$m = \dfrac{y+1}{x+3} = \dfrac{y-(-1)}{x-(-3)}$ 为点 (x, y) 和点 $(-3, -1)$ 两点所在直线的斜率，结合图 $3 - 1 - 8$，可得

$$\frac{3 - \sqrt{3}}{6} \leqslant m \leqslant \frac{3 + \sqrt{21}}{6}.$$

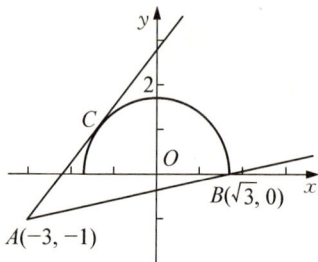

图 $3 - 1 - 8$

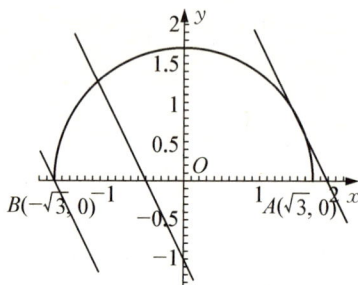

图 $3 - 1 - 9$

将 $b = 2x + y$ 变形为 $y = -2x + b$，b 为直线在 y 轴上的截距，结合图 $3 - 1 - 9$ 得

$$-2\sqrt{3} \leqslant b \leqslant \sqrt{15}.$$

四、函数与方程思维模式

函数思想就是运用运动和变化的观点、集合与对应的思想去分析和研究数

学中的数量关系,建立或构建函数关系,再利用函数的图象和性质去分析问题,达到转化问题的目的,从而使问题获得解决.函数思想在解题应用中主要表现在两个方面:一是借助有关初等函数的性质,解决有关求值、解不等式、解方程以及讨论参数的取值范围等问题;二是通过建立函数关系式把所研究的问题转化为讨论函数的有关性质的问题,达到化难为易、化繁为简的目的.

方程思想就是从问题的数量关系入手,运用数学语言将问题中的条件转化为数学模型——方程或方程组,通过解方程或方程组去分析、转化和解决问题.

函数与方程密不可分.对于函数 $y=f(x)$,当 $y=0$ 时,就转化为方程.也可以把函数式子 $y=f(x)$ 看作方程 $y-f(x)=0$,这样函数问题就转化为方程问题.方程问题常常也可转化为函数问题,如解方程 $f(x)=0$,就是求 $y=f(x)$ 的零点.再比如讨论方程 $x^2+2x+a=0$ 根的个数问题,若令两函数 $y=x^2+2x$ 和 $y=a$,则问题就转化为两函数图象交点的个数问题,根据图象容易解决.

函数与不等式也可转化,对于函数 $y=f(x)$,当 $y>0$ 时,就转化为不等式 $f(x)>0$,借助于函数图象或解不等式都可使问题得到解决.

此外,对数列,解析几何中直线与曲线的位置关系,立体几何中有关角、面积、体积的计算等都常通过解方程或建立函数关系式来解决.

(一) 利用函数构造方程

例 12　求函数 $f(x)=\dfrac{\sin x}{\sqrt{5+4\cos x}}(0\leqslant x\leqslant 2\pi)$ 的值域.

分析　$f(x)=\dfrac{\sin x}{\sqrt{5+4\cos x}}$ 是一个函数,若令 $y=\dfrac{\sin x}{\sqrt{5+4\cos x}}$,变形为 $y^2=\dfrac{\sin^2 x}{5+4\cos x}$,则变成一个方程,此方程幂指数不高,且有 $\sin^2 x=1-\cos^2 x$ 的变换关系,可以考虑用方程来解.

解　由 $f(x)=\dfrac{\sin x}{\sqrt{5+4\cos x}}$,得 $y^2=\dfrac{\sin^2 x}{5+4\cos x}$,变形为

$\cos^2 x+4y^2\cos x+(5y^2-1)=0$(注意:由于要求 y 的范围,所以通常将 y 视为系数).

令 $t=\cos x\in[-1,1]$,则化为方程 $t^2+4y^2 t+(5y^2-1)=0$ 在 $[-1,1]$

内有实根.

考察函数 $g(t)=t^2+4y^2t+(5y^2-1)$ 在 $t\in[-1,1]$ 上图象与 x 轴有交点.

$\because g(-1)=y^2\geqslant 0$, $g(1)=9y^2\geqslant 0$,

$\therefore \begin{cases} \Delta=(4y^2)^2-4\cdot 1\cdot(5y^2-1)\geqslant 0, \\ -1\leqslant -2y^2\leqslant 1, \end{cases}$ 解得 $y^2\leqslant \dfrac{1}{4}$,

$\therefore$ 值域为 $\left[-\dfrac{1}{2}, \dfrac{1}{2}\right]$.

(二) 利用方程或不等式构造函数

例 13　关于 x 的方程 $9^x+(4+a)3^x+4=0$ 恒有解, 求 a 的取值范围.

分析　由于 $9^x=(3^x)^2$, 由此可构造二次函数, 使问题转化为二次函数的图象与 x 轴有交点来解决.

解　令 $t=3^x$, 则有 $t>0$, 设函数 $f(t)=t^2+(4+a)t+4(t>0)$.

当 $(t>0)$ 时, 二次函数 $f(t)$ 与 x 轴有交点, 结合图象可得

$$\begin{cases} \Delta\geqslant 0, \\ x_1+x_2=-(4+a)>0, \\ x_1x_2=4>0, \end{cases} \text{解得 } a\leqslant -8,$$

即 a 的取值范围为 $a\in(-\infty, -8]$.

例 14　已知不等式 $\dfrac{1}{n+1}+\dfrac{1}{n+2}+\dfrac{1}{n+3}+\cdots+\dfrac{1}{2n}>\dfrac{1}{12}\log_2(a-1)+\dfrac{7}{12}$

对于一切大于 1 的自然数 n 都成立, 求实数 a 的取值范围.

分析　$\dfrac{1}{n+1}+\dfrac{1}{n+2}+\dfrac{1}{n+3}+\cdots+\dfrac{1}{2n}$ 不能求和, 探索用函数来解决.

解　构造函数 $f(n)=\dfrac{1}{n+1}+\dfrac{1}{n+2}+\dfrac{1}{n+3}+\cdots+\dfrac{1}{2n}(n\geqslant 2, n\in \mathbf{N})$.

由于 $f(n+1)-f(n)=\dfrac{1}{2n+1}+\dfrac{1}{2n+2}-\dfrac{1}{n+1}=\dfrac{1}{(2n+1)(2n+2)}>0$,

所以 $f(n+1)>f(n)$, 即 $f(n)$ 在自然数区间 $[2, +\infty)$ 上为增函数,

且 $f(n)_{\min}=f(2)=\dfrac{7}{12}$.

由已知得 $\frac{7}{12} > \frac{1}{12}\log_2(a-1) + \frac{7}{12}$，即 $\log_2(a-1) < 0$.

解得 $1 < a < 2$.

(三) 函数与方程相互转化

例 15 已知抛物线 $y = (m-1)x^2 + (m-2)x - 1 (m \in \mathbf{R})$.

(1) 当 m 为何值时，抛物线与 x 轴有两个交点？

(2) 若关于 x 的方程 $(m-1)x^2 + (m-2)x - 1 = 0$ 的两个不等实根的倒数平方和不大于 2，求 m 的取值范围.

(3) 如果抛物线与 x 轴交于 A、B 两点，与 y 轴交于点 C，且 $\triangle ABC$ 的面积等于 2，求 m 的值.

分析 (1) 令函数 $y = 0$，则转化为方程有两个不等实根时 m 的值；

(2) 利用根与系数的关系转化成解不等式；

(3) 建立面积的函数关系式，再求函数值为 2 时方程的解.

解 (1) 令 $y = 0$，则 $(m-1)x^2 + (m-2)x - 1 = 0$，

根据题意，使 $m \neq 1$，且 $\triangle > 0$，即

$(m-2)^2 + 4(m-1) > 0$，解得 $m^2 > 0$.

因此，当 $m \in \mathbf{R}$，$m \neq 1$ 且 $m \neq 0$ 时，抛物线与 x 轴有两个交点.

(2) 方程有不等两实根，则 $m \neq 1$ 且 $m \neq 0$.

由韦达定理有 $x_1 + x_2 = \frac{m-2}{1-m}$，$x_1 x_2 = \frac{1}{1-m}$.

$\frac{1}{x_1^2} + \frac{1}{x_2^2} = \frac{x_1^2 + x_2^2}{(x_1 x_2)^2} = \frac{(x_1+x_2)^2 - 2x_1 x_2}{(x_1 x_2)^2} = (m-2)^2 + 2(m-1) \leqslant$

2，解得 $0 \leqslant m \leqslant 2$.

因此，m 的取值范围为 $\{m \mid 0 < m < 1$ 或 $1 < m \leqslant 2\}$.

(3) 由 $\frac{1}{2} \mid x_1 - x_2 \mid \cdot \mid y_c \mid = 2$，得 $\frac{1}{2}\left|\frac{m}{m-1}\right| \cdot \mid -1 \mid = 2$.

解得 $m = \frac{4}{3}$ 或 $\frac{4}{5}$.

第二节　拔尖创新潜质生的数学思维模式

一、构造思维模式

在高中数学中,构造思想方法是一种富有创造性的数学思想方法. 它充分渗透归纳、类比等重要数学方法,综合性地使用不同知识模块,对培养学生思维的深度、广度和创新性有极好的作用.

具体图解为:

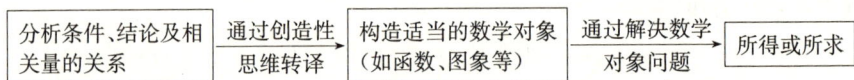

(一) 构造函数

所谓构造函数是指根据题目设对象,构造一种新的函数关系,利用函数的性质解决问题.

例1　已知函数 $f(x) = \ln(x+1) - x$,求证:当 $x > -1$ 时,恒有 $1 - \dfrac{1}{1-x} \leqslant \ln(x+1) \leqslant x$.

分析　若直接从 $\ln(x+1)$ 入手,不易得出与 $1 - \dfrac{1}{1-x}$ 和 x 的关系.构造函数 $g(x) = \ln(x+1) + \dfrac{1}{x+1} - 1$,问题转化为证明 $g(x) \geqslant 0$.

解　$f'(x) = \dfrac{1}{x+1} - 1 = \dfrac{-x}{x+1}$.

当 $-1 < x < 0$ 时,$f'(x) > 0$,即 $f(x)$ 在 $(0, 1)$ 上为增函数;

当 $x > 0$ 时,$f'(x) < 0$,即 $f(x)$ 在 $(0, +\infty)$ 上为减函数.

所以 $f(x)$ 在 $(-1, +\infty)$ 上,$f(x)_{\max} = f(0) = 0$,

有 $f(x) \leqslant f(0) = 0$,即 $\ln(1+x) - x \leqslant 0$,

因此 $\ln(x+1) \leqslant x$(右端得证).

令 $g(x) = \ln(x+1) + \dfrac{1}{x+1} - 1$,

则 $g'(x) = \dfrac{1}{x+1} - \dfrac{1}{(x+1)^2} = \dfrac{x}{(x+1)^2}$.

当 $x \in (-1, 0)$ 时, $g'(x) < 0$, 当 $x \in (0, +\infty)$ 时, $g'(x) > 0$,

所以 $g(x)$ 在 $(-1, +\infty)$ 上有最小值 $g(x)_{\min} = g(0) = 0$,

即 $\ln(x+1) + \dfrac{1}{x+1} - 1 \geqslant 0$,

因此 $\ln(x+1) \geqslant 1 - \dfrac{1}{x+1}$(左端得证).

综上有 $1 - \dfrac{1}{1-x} \leqslant \ln(x+1) \leqslant x$ 成立.

再如数学课本中构造函数的例子: 已知 $a, b, m \in \mathbf{R}_+$ 且 $a < b$, 求证: $\dfrac{b}{a} < \dfrac{b+m}{a+m}$.

分析　构建函数 $f(x) = \dfrac{b+x}{a+x} = 1 + \dfrac{b-a}{a+x}$.

当 $b > a$ 时, 函数 $f(x) = 1 + \dfrac{b-a}{a+x}$ 在 $(0, +\infty)$ 上是增函数,

所以有 $f(0) < f(m)$, 即 $\dfrac{b}{a} < \dfrac{b+m}{a+m}$.

(二) 构造方程

方程作为中学数学的重要内容之一, 与函数、直线、圆锥曲线、数和式等都有紧密联系, 根据问题的数量关系和结构, 可构造一个新的方程, 依据方程的知识来解决问题.

例 2　已知实数 x、y、z 满足 $x + y + z = 5$, $xy + yz + zx = 3$, 求 z 的最大值.

分析　已知条件中有两个方程、三个未知数, 方程最高次为二次, 于是可考虑建立含有 z 的二次方程.

解　由已知有 $y = 5 - x - z$, 代入另一方程, 得 $x(5-x-z) + (5-x-z) + zx = 3$.

整理得 $x^2 + (z-5)x + (z^2 - 5z + 3) = 0$(思考：为什么要整理成 x 为未知数、z 为系数的一元二次方程).

∵ 方程有根,

∴ $\Delta = (z-5)^2 - 4(z^2 - 5z + 3) \geqslant 0$.

化简得 $3z^2 - 10z - 13 \leqslant 0$.

解得 $-1 \leqslant z \leqslant \dfrac{13}{3}$.

∴ $z_{max} = \dfrac{13}{3}$.

另析　$x + y = 5 - z$, $xy = 3 - z(x+y) = 3 - z(5-z) = z^2 - 5z + 3$.

由 $x+y$、xy 联想到韦达定理,构造方程

$t^2 - (5-z)t + (z^2 - 5z + 3) = 0$.

由 $\Delta = (5-z)^2 - 4(z^2 - 5z + 3) \geqslant 3$,解得 $-1 \leqslant z \leqslant \dfrac{13}{3}$.

(三) 构造图形

所谓构造图形就是指在解决某个问题时,根据问题的内部联系、数量特征,构造出相应的图形,利用图象的性质和直观性解决问题.

例3　试求函数 $f(a, b) = (a-b)^2 + \left(\sqrt{4-a^2} + \dfrac{9}{b}\right)^2$ 的最小值.

分析　从函数式本身来看,有两个元 a、b,不属于高中所学基本函数类型,但从函数式右端结构来看,与两点间距离公式很相近.

解　$f(a, b)$ 可视为 $A\left(a, \sqrt{4-a^2}\right)$ 和 $B\left(b, -\dfrac{9}{b}\right)$ 两点间距离的平方,即 $|AB|^2$.

点 A 的参数方程为 $\begin{cases} x = a, \\ y = \sqrt{4-a^2}, \end{cases}$ 消去 a,得 $x^2 + y^2 = 4 (y \geqslant 0)$.

点 B 的参数方程为 $\begin{cases} x = b, \\ y = -\dfrac{9}{b}, \end{cases}$ 消去 b,得 $xy = -9$,即为双曲线.

如图 $3-2-1$,若点 O、A、B 构成 $\triangle OAB$,有 $|AB| > |OB - OA|$;

当 O、A、B 共线时,有 $|AB| = |OB - OA|$.

$\because |OB|^2 = x^2 + y^2 = x^2 + \dfrac{81}{x^2} \geqslant$

$2\sqrt{x^2 \cdot \dfrac{81}{x^2}} = 18,$

$\therefore |OB|_{\min} = 3\sqrt{2},$

$\therefore |AB|_{\min} = 3\sqrt{2} - 2,$ 即 $f(a, b) =$

$(3\sqrt{2} - 2)^2 = 22 - 12\sqrt{2}.$

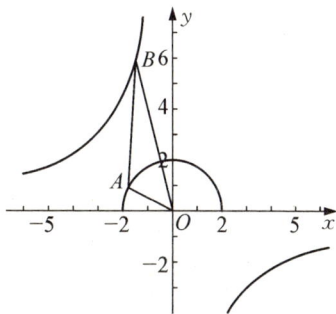

图 3-2-1

评析　根据问题结构联想相关图形或根据图形的几何量可以巧妙地解决一类问题.

再如:求函数 $y = \dfrac{\sin x}{\cos x - 3}$ 的最值.

分析　联想右端结构与直线斜率公式相似,于是变形为 $y = \dfrac{\sin x - 0}{\cos x - 3}$,可看作单位圆上点 $A(\cos x, \sin x)$ 与点 $B(3, 0)$ 的斜率 k_{AB},易得 $-\dfrac{\sqrt{2}}{4} \leqslant$

$k_{AB} \leqslant \dfrac{\sqrt{2}}{4}.$

二、逆向思维模式

所谓逆向思维就是指我们研究问题时从正反两个方面去考虑,当正面受阻时,从问题的对立面去探索.逆向思维体现在中学数学的概念、定理、公式、解题等各个方面.

(一) 逆向思维体现在数学概念中

异面直线的定义是:不同在任何一个平面内的两条直线叫做异面直线,其反面为:若两条直线不是异面直线,则这两条直线在同一平面内.

补集的定义是:设 S 是一个集合,A 是 S 的一个子集,由 S 中所有不属于 A 的元素组成的集合,叫做 S 中集合 A 的补集,记为 $\complement_S A$,即 $\complement_S A = \{x \mid x \in S$ 且

$x \notin A$.

例 4 已知集合 $P = \{x \mid 4 \leqslant x \leqslant 5\}$，$Q = \{x \mid k+1 \leqslant x \leqslant 2k-1, k \in \mathbf{R}\}$，求 $P \cap Q \neq \varnothing$ 时实数 k 的取值范围.

分析 不难发现 $P \cap Q \neq \varnothing$ 的情况较多，需要分别讨论，若从其反面 $P \cap Q = \varnothing$ 入手，则较易.

解 若 $P \cap Q = \varnothing$，

当 $Q = \varnothing$ 时，有 $k+1 > 2k-1$，解得 $k < 2$；

当 $Q \neq \varnothing$ 时，有 $\begin{cases} k+1 \leqslant 2k-1, \\ 2k-1 < 4, \end{cases}$ 或 $\begin{cases} k+1 \leqslant 2k-1, \\ k+1 > 5, \end{cases}$ 解得 $2 \leqslant k < \dfrac{5}{2}$ 或 $k > 4$.

综上，当 $p \cap Q = \varnothing$ 时，有 $k < \dfrac{5}{2}$ 或 $k > 4$.

因此，当 $P \cap Q \neq \varnothing$ 时，k 的范围为 $\left\{ k \mid \dfrac{5}{2} \leqslant k \leqslant 4, k \in \mathbf{R} \right\}$.

(二) 逆向思维体现在公式运用中

公式常为等式形式，人们习惯于从左向右顺用. 逆向使用或变形使用可更全面地认识和掌握知识.

例 5 在 $\triangle ABC$ 中，a、b、c 分别为内角 A、B、C 的对边，且

$$2a \sin A = (2b+c) \sin B + (2c+b) \sin C.$$

(1) 求 A 的大小；

(2) 求 $\sin B + \sin C$ 的最大值.

解 (1) 由已知，根据正弦定理，有 $2a^2 = (2b+c)b + (2c+b)c$，化简为

$$a^2 = b^2 + c^2 + bc.$$

由余弦定理 $a^2 = b^2 + c^2 - 2bc \cos A$，得 $\cos A = -\dfrac{1}{2}$，

因此 $A = 120°$.

(2) 由(1)得

$$\sin B + \sin C = \sin B + \sin(60° - B) = \frac{\sqrt{3}}{2} \cos B + \frac{1}{2} \sin B = \sin(60° + B),$$

因此,当 $B = 30°$ 时,$(\sin B + \sin C)_{\max} = 1$.

(三) 逆向思维体现在定理中

数学中的定理有的不可逆,但许多定理的逆定理也成立.例如:平行线的性质定理和判定定理;勾股定理及其逆定理;等腰三角形的性质及判定定理等.

例 6　化简:$C_n^1 + 3C_n^2 + 9C_n^3 + \cdots + 3^{n-1}C_n^n$.

解　设 $S_n = C_n^1 + 3C_n^2 + 9C_n^3 + \cdots + 3^{n-1}C_n^n$,则

$$3S_n + 1 = C_n^0 + 3C_n^1 + 3^2C_n^2 + 3^3C_n^3 + \cdots + 3^nC_n^n$$
$$= (1+3)^n = 4^n,$$

因此 $S_n = \dfrac{4^n - 1}{3}$.

(四) 逆向思维在推理中的应用

例 7　设二次函数 $f(x) = 4x^2 + 2(p-2)x - 2p^2 - p + 1$,在 $x \in [-1, 1]$ 内至少存在一个 x_0,使得 $f(x_0) > 0$,求 p 的范围.

分析　若从条件"在 $x \in [-1, 1]$ 至少存在一个 x_0"正面考虑,不易入手,而从其反面"在 $x \in [-1, 1]$ 不存在 x_0"容易入手.

解　设对任意 $x \in [-1, 1]$,$f(x) \leqslant 0$ 恒成立,则必然有

$$\begin{cases} f(-1) \leqslant 0, \\ f(1) \leqslant 0 \end{cases} \Rightarrow p \leqslant -3 \text{ 或 } p \geqslant \frac{3}{2}.$$

因此,满足条件的 p 的范围为 $-3 < p < \dfrac{3}{2}$.

(五) "主元"的逆用

在数学问题中,我们习惯称变量为"元",通常情况下将处于主导和突出地位的变量称做"主元".如对方程式 $mx^2 - 2x - m + 1 = 0$,人们习惯视"主元"为 x,则这是一个含参数 m 的一元二次方程.但若将方程变形为 $m(x^2 - 1) + (1 - 2x) = 0$,将 x 视为常数,则变成了关于 m 的一元一次方程.将一些问题变换主

元,往往可以另辟蹊径.

例8　设不等式 $mx^2 - 2x - m + 1 < 0$ 对满足 $|m| \leqslant 2$ 的一切 m 都成立,求 x 的取值范围.

解　视 m 为主元,整理为 $m(x^2 - 1) + (1 - 2x) < 0$.

设 $f(m) = (x^2 - 1)m + (1 - 2x)$,

当 $|m| \leqslant 2$ 时,恒有 $f(m) < 0$,由一次函数的图象可得

$$\begin{cases} f(2) = 2x^2 - 2x - 1 < 0, \\ f(-2) = -2x^2 - 2x + 3 < 0, \end{cases} 解得 \frac{\sqrt{7} - 1}{2} < x < \frac{\sqrt{3} + 1}{2}.$$

因此,x 的取值范围为 $\left(\dfrac{\sqrt{7} - 1}{2}, \dfrac{\sqrt{3} + 1}{2} \right)$.

例9　解关于 x 的方程:$x^4 - 2ax^2 + x + a^2 - a = 0$.

分析　这是一个关于 x 的高次方程,且有 x^4、x^2、x 项,不易正面解决.

解　视 a 为主元,整理为 $a^2 - (2x^2 + 1)a + (x^4 + x) = 0$.

解得 $a = x^2 + x$ 或 $a = x^2 - x + 1$.

解得 $x_{1,2} = \dfrac{-1 \pm \sqrt{1 + 4a}}{2}$,$x_{3,4} = \dfrac{1 \pm \sqrt{4a - 3}}{2}$.

第四章

拔尖创新潜质生的数学创造性思维培养

众所周知,思维能力是各种能力的核心,而创造性思维又是思维的最高形式,所以创造性思维能力是最高层次的能力.在未来的社会里,创造性劳动将成为最重要的劳动形式.这种劳动形式给教育和教学提出了新的更高的要求,培养学生的创造性思维成为教育的一个非常重要的任务,也是当前教学改革的重点之一.

第一节　拔尖创新潜质生数学创造性思维及其基本特征

一、相关概念综述

(一) 什么是思维

现在比较普遍认为,思维是人脑借助语言实现的对客观事物概括、间接的反映,是反映对象本质和规律的认识过程.其实,人的大脑思考问题时的内部活动就是思维.

哲学是从思维主体和客体两者之间的关系,即存在和意识的关系来讨论思维的.思维的哲学解释有两点:其一,思维是物质活动的形式,其二,思维是理性认识活动.

心理学主要研究人的思维正常发生和发展的条件和原因以及各种心理现象对思维的影响,思维的科学解释是:思维是具有意识的人脑对于客观现象的本质属性、内部规律的自觉的、间接的和概括的反映.

(二) 什么是创造性思维

关于创造性思维的概念,说法较多,目前还不能统一.但是在众多意见中,有共同的一条,就是都认为创造性思维应具有创造性,认为它是一种非常复杂的心理和智能活动,这种思维以它的效果是否具有新颖性、独创性、突破性与真理性为检验标准.为了全面阐述创造性思维的概念,我们认为要把握以下几点:第一,它是提出新概念、作出新判断、提出新假设、得出新成果的思维,即是有创见的思维过程.这种创见既指发明新技术、形成新观念、创建新理论,也指在具体问题的解决过程中,有独到的见解或方法、技巧.第二,它是在实践和感性认识的基础上,既利用人脑有意识的逻辑思维能力,深入研究和认识事物的具体细节,又充分利用人脑意识和下意识活动能力,发挥想象、幻想、灵感、审美的作用,对已有的理性认识作进一步的分解组合,以取得突破传统理论或看法的新的发现或见解,最后又运用逻辑思维等能力和通过实践来验证.第三,它是创造者在最佳心理状态下,首先获得强烈的、明快的、和谐的创新意识,进而使大脑中已有的感性和理性信息,按最优化的科学思路,灵活地运用想象与联想、灵感与审美等,以渐近式或突变式两种飞跃方式,实现重新组合、匹配、脱颖和升华,从而达到成功.

创造性思维的起点是问题,终点是问题的答案,创造性思维就是为解决问题寻求答案,提出新的见解或产生新的发现的思维过程,它是思维的最高表现形式.

(三) 什么是数学创造性思维

数学创造性思维是创造性思维的一种,它是逻辑思维与非逻辑思维的综合,又是数学中发散思维与收敛思维的辩证统一.它不同于一般数学思维之处在于,它发挥了人脑的整体工作特点和下意识活动能力,发挥了数学中形象思维、灵感思维、审美等的作用,因而能按最优化的数学方法与思路,不拘泥于原有理论的限制和具体内容的细节,完整地把握数与形有关知识之间的联系,实现认识过程的飞跃,从而达到数学创造的完成.数学创造的过程,往往是先通过形象、灵感、审美等,迅速找出问题的突破口,再通过逻辑思维作出严格的证明.

这里,形象、灵感、审美可以说是打开数学创造大门的钥匙.

数学创造性思维首先是一种数学思维,因此它也是人脑和数学对象相互作用并按一般思维规律认识数学知识体系的过程,同时,它也是一种特殊的思维形式,有许多区别于其他思维的特征.

数学创造性思维从属于创造性思维,它是创造性思维在数学中的体现.数学创造性思维也直接从属于数学思维,它是数学思维中最积极、最有价值的一种形式.其关系如图 4-1-1 所示.

图 4-1-1

创造性思维是一种能得到独特和显著效果的思维活动.它具有独创性、突破性、针对性、灵活性、广阔性、超前性、综合性等特点.数学创造性思维也具备这些特点.

数学教育心理学家对数学思维品质进行了概括,即思维的深刻性、思维的广阔性、思维的灵活性、思维的独创性、思维的敏捷性、思维的批判性等.当然,数学创造性思维也具备上述六种思维品质.

所谓思维品质是指个体思维活动特殊性的表现.思维品质的差异实质上表现为人的思维能力的差异.创新潜质生数学创造性思维应该具有上述思维品质,然而上述思维品质的简单叠加并不就是创新潜质生数学创造性思维.数学创造性思维体现在思维过程中,它是上述各种思维品质所固有能力的综合表现.

案例 1

证明恒等式 $\dfrac{a^2(x-b)(x-c)}{(a-b)(a-c)}+\dfrac{b^2(x-c)(x-a)}{(b-c)(b-a)}+\dfrac{c^2(x-a)(x-b)}{(c-a)(c-b)}=x^2$.

有位学生提出下面的解法:假设该等式不是恒等式,则可视为关于参数 x 的方程.不难发现,对于 x 来说,方程不会超过二次,也就是说该方程关于 x 不可能有多于两个的实根．但容易检验，有三个不等的实数 a、b、c 显然满足这个"方程"，得出矛盾．所以该等式必是恒等式．这种方法表现出思维的灵活性和独创性（解法新颖）、思维的深刻性（假定所给出的是一个方程，这是解题的关键）、思维的广阔性（看出可以将方程的性质应用于恒等式），以及思维的批判性（论据和结果正确）．在这个解题过程中，该生的思维品质得到了综合的表现，我们认为这种表现就体现了该生具有数学创造性思维的能力．

二、拔尖创新潜质生数学创造性思维的基本特征

创新潜质生的数学创造性思维作为一种数学思维，它也是人脑和数学对象相互作用并按一般思维规律认识数学规律的过程，然而它作为一种特殊的思维形式又有区别于其他思维的特征．

特征1　在形式和结构上发现、选择数学美

创新潜质生在数学中的发现或"发明"都是以新的思想组合的方式进行的．他们的"发明创造"就是排除那些无用的组合，保留那些有用的组合．法国数学家阿达玛指出："发明就是选择！选择是被科学的美感所控制的！"

案例 2

在一个有限的实数列中，任意 7 个连续项之和都是负数，而任意连续 11 项之和都是正数．试问：这样的数列最多有多少项？

有位学生是这样解的：设这个数列为 a_1，a_1，$\cdots$，a_n．可以按条件分成若干"7 项和片段"与若干"11 项和片段"．而这些片段又可作出各式各样的组合，其中大量的是无用的组合．解题过程就是从大量的组合中挑出有用的组合形式．

其中最富数学美（简单美、对称美）的组合是一个 7×11 数表：

a_1，a_2，$\cdots$，a_7

a_2，a_3，$\cdots$，a_8

$\cdots\cdots$

a_{11}，a_{12}，$\cdots$，a_{17}

这个数表按行相加总和为负,按列相加总和为正.这是一个矛盾数表,所以数列至多 16 项.该生的这个解法很富有创造性,其本质是被数学美感所控制的组合的选择.

特征 2　思维在自由想象基础上构造

创新潜质生的数学创造性思维需要想象.爱因斯坦认为:"想象力是科学研究中的实在因素."数学中也有惊人的想象,想象提供理想化的思想方法,理想化的思想方法使研究对象极大地简化和纯化.想象力是建立数学新概念、新理论的设计师.数学创造性思维的结果是思维的自由创造物与想象物,它以逻辑上无矛盾为必要条件.由于把 $\sqrt{-1}$ 设想为一个数,像实数一样参加四则运算在逻辑上无矛盾,从而创造了虚数这种思维的自由创造物与想象物就是一个著名的例子.

案例 3

已知 $x,y,z \in \mathbf{R}_+$,求证:$\sqrt{x^2-xy+y^2} + \sqrt{y^2-yz+z^2} > \sqrt{z^2-zx+x^2}$.

一位具有数学创造性思维的学生注意到结构的特点:当 $x>0,y>0$ 时,$\sqrt{x^2-xy+y^2} = \sqrt{x^2+y^2-2xy\cos 60°}$.于是想象 $\sqrt{x^2-xy+y^2}$ 是一个边长为 x、y,夹角为 $60°$ 的三角形的第三边.这样,可以把三个根式分别设想为有一个共同顶点 O 且有一个内角为 $60°$ 的 $\triangle AOB$、$\triangle BOC$、$\triangle COA$ 的边 AB、BC、CA.由于三个 $60°$ 角之和小于周角,这个构图在平面上不能实现.这时再进一步想象为一个三棱锥 $O\text{-}ABC$,如图 4-1-2 所示.

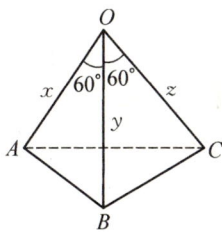
图 4-1-2

由 $AB+BC>CA$,知 $\sqrt{x^2-xy+y^2} + \sqrt{y^2-yz+z^2} > \sqrt{z^2-zx+x^2}$ 自然成立.

可见,想象就是深度,没有一种心理机能比想象更能自我深化,更能深入对象.想象与构造是基于深刻逻辑分析基础上的高度综合.

特征3　逻辑思维与非逻辑思维综合

数学规律的发现既要靠直觉思维、形象思维,也要靠逻辑思维.既要靠发散思维,也要靠收敛思维.数学推理既有归纳推理,也有演绎推理.一般是由合情推理猜想,靠逻辑演绎来证明.

案例4

观察下列算式:

$$\frac{5^3+2^3}{5^3+3^3}=\frac{5+2}{5+3},\frac{7^3+3^3}{7^3+4^3}=\frac{7+3}{7+4},\frac{9^3+4^3}{9^3+5^3}=\frac{9+4}{9+5}\cdots\cdots$$

初看这些等式,我们立即会问:把$\frac{A^3+B^3}{C^3+D^3}$的分子分母上的乘方指数3"约掉"后与$\frac{A+B}{C+D}$能相等吗?但仔细观察会发现有规律$A=C$.但仅有此条件是不够的,比如$\frac{5^3+2^3}{5^3+4^3}\neq\frac{5+2}{5+4}$.

再进一步观察,可以发现$3=5-2,4=7-3,5=9-4,\cdots\cdots,D=A-B$.

由此产生一个小小的猜想:$\dfrac{a^3+b^3}{a^3+(a-b)^3}=\dfrac{a+b}{a+(a-b)}$.　　(1)

(1)式对不对呢?需要证明或证伪.

由立方和公式,得

$$\frac{a^3+b^3}{a^3+(a-b)^3}=\frac{(a+b)(a^2-ab+b^2)}{[a+(a-b)][a^2-a(a-b)+(a-b)^2]}$$

$$=\frac{(a+b)(a^2-ab+b^2)}{[a+(a-b)](a^2-ab+b^2)}=\frac{a+b}{a+(a-b)}.$$

这表明(1)式成立.

第二节　影响拔尖创新潜质生数学创造性思维的主要因素

创造性作为个性的理智特征,实际上是指个人在一定动机推动下从事创新活动的创造性思维能力. 所以,创造性也称创造力或创造心理. 数学创造性也就是数学的创造力或数学创造心理. 影响创新潜质生数学创造性思维的主要因素有以下三方面.

一、数学知识与结构

数学知识既是前人创造活动的产物,又是后人进行创造活动的基础. 一个人掌握的知识量影响其创造能力的发挥. 知识贫乏者不会有丰富的数学想象,但知识量多也未必就有良好的思维创新. 那么数学知识与技能如何影响创新潜质生的数学创造性思维呢? 如果把人的大脑比作思维的"信息原料库",则知识量的多寡只表明"原料"量的积累,而知识的系统性才是"原料"的质的表现. 杂乱无章的信息堆积已经很难检索,当然就更难进行创造性的思维加工了. 只有系统合理的知识结构,才便于知识的输出或迁移,进而促进思维内容丰富、形式灵活,并产生新的设想、新的观念以及新的选择和组合. 因此,创新潜质生是否具有良好的数学知识结构对数学创造性思维活动的运行至关重要. 还要注意,数学知识信息是靠语言工具为载体储存和获得的. 特别是数学有着自己独特的符号语言,所以,除合理的知识结构以外,独特的语言表达是创造性思维产生的必要杠杆. 美国当代著名教育家布鲁姆认为,技能的自动化是"天才的四肢",特别是听、说、读、写、讲的交流自动化与人机关系自动化,是成为英才的重要条件. 数学有着自己独特的符号语言,这正是创新潜质生数学创造性思维产生的基础.

研究表明,创新潜质生扎实的基础与广博的知识对"创造"至关重要. T形知识结构的创新潜质生,往往胜过金字塔形知识结构的创新潜质生.

二、一定的智力水平

创造力本身是智力发展的结果,它必须以知识技能为基础,以一定的智力水平为前提. 创新潜质生创造性思维的智力水平集中体现在对信息的接受能力和处理能力,也就是思维的技能上. 衡量创新潜质生的数学思维技能的主要标志是他对数学信息的接受能力和处理能力.

(一) 对信息的接受能力

对数学信息的接受能力主要表现为对数学的观察力和对信息的储存能力. 观察力是对数学问题的感知能力,通过对问题的解剖和选择,获取感性认识和新的信息. 创新潜质生是否具备敏锐、准确、全面的观察力对捕捉数学信息至关重要. 信息的储存能力主要体现为大脑的记忆功能,即完成对数学信息的输入和有序保存,以供创造性思维活动检索和使用. 因此,信息储存能力是创新潜质生开展创造性思维活动的保障.

(二) 对信息的处理能力

信息处理能力是指大脑对已有数学信息进行选择、判断、推理、假设、联想的能力以及解决问题的实践能力. 创新潜质生的信息处理能力包括思维能力、想象能力和操作能力. 这里应特别指出,丰富的数学想象力是创新潜质生数学创造性思维的翅膀,求异的发散思维是他们打开新境界的突破口.

美国心理学家吉尔福特对智力与创造力的测验告诉我们:从整体上看,智力与创造力有正相关的趋势,但智力高的不一定有高的创造力,未达中上等智力者是不可能有高创造力的.

三、有效的心理素质

每个人都在某种程度上具有创造的禀赋,但是只有心理正常的人才会把创造潜力付诸实施. 通常把一个人的心理表现,如情绪、意志、兴趣、性格等称为心理素质. 由于情绪等心理素质对创造性思维的运作影响很突出,因此,国外流行称其为"情绪智商"(简称 EQ),以和 IQ(智商)相区别.

根据情绪发生的程度、速度、持续时间的长短与外部表现,可把情绪状态分为心境、激情、热情. 良好的心境能提高创新潜质生数学创造性思维的敏感性,及时捕捉"创造"信息、联想活跃、思维敏捷、想象丰富,能够提高其"创造"效率;激情对创造是激励因素,是创新意识和进取的斗志;热情是创造的心理推动力量,对数学充满热情的创新潜质生能充分发挥智力效应,做出创造性的贡献.

意志表现为人们为了达到预定的目的自觉地运用自己的智力和体力积极地与困难作斗争. 良好的意志品质是创新潜质生数学创造的心理保障. 正如华罗庚指出的:"面对悬崖峭壁,一百年也看不出一条缝来,但用斧凿,能进一寸进一寸,得进一尺进一尺,不断积累,飞跃必来,突破随之."

兴趣是创新潜质生数学创造性思维的心理动力. 稳定、持久的兴趣促进创新潜质生创造性思维向深度发展;浓厚的兴趣促使创新潜质生对数学问题热情探索,锲而不舍地向"创造"目标冲击. 这种向自然的进攻性是创新潜质生的重要素质.

最新的研究显示,一个人的成功只有20%归诸于IQ的高低,80%则取决于EQ. EQ高的人,生活比较快乐,能维持积极的人生观,不管做什么,成功的机会都比较大.

基于对上述影响创新潜质生创造性思维因素的分析,我们可以提出以下经验公式:

$$创造力 = 有效知识量 \times IQ \times EQ.$$

由于有效知识量、IQ、EQ都是与后天教育相关的因子,由这个公式我们可得出创新潜质生数学创造性思维是可培养的. 创造型人格是教育的终点行为,对创新潜质生创造性思维的培养是达到终点行为的经常性任务. 总之,我们要树立创新潜质生的创造性思维是可以通过教育来发展的坚定的教育信念. 当然创新潜质生的数学创造性思维的发展也是可以通过教育来实现的.

第三节 拔尖创新潜质生数学创造性思维的培养方法

高中数学教育是基础教育,创新潜质生创造性思维的培养是一个长期的过程,应该在数学教学中认真探索,积极试验,逐步渗透. 我们认为在数学教学中采用以下方法对形成创新潜质生的数学创造性思维是有益的.

一、拓宽思路,多措并举

(一)培养科学的学习方法. 指导创新潜质生按照认知的规律学习,自觉培养独立思考的能力;要求创新潜质生要善于总结失败的教训,发现数学知识的内在联系,体会其中的数学思想与方法;召开学习经验交流会,请善于学习的学生介绍他们行之有效的学习方法.

（二）要求创新潜质生善于自学.扎实的本领主要靠自学获得,有效的课前预习、课内自学、课后复习是重要的学习方法.通过自学可以更有效地获取知识,更好地学会观察、学会思维.

（三）建立激励机制,充分调动创新潜质生学习的积极性.为培养创新潜质生学习数学的兴趣,可以成立数学社团,采用数学难题征解、数学擂台赛等多种形式来激励他们的学习热情和对数学知识探索的欲望.

二、数形结合,萌生构想

想象是形象思维的重要组成部分.数学中的想象更加奇特,它是数学中的形象思维与抽象思维的有机结合,具有新颖的独创性与综合的创造性.爱因斯坦曾指出:"提出新的问题、新的可能性,从新的角度去看旧的问题,都需要有创造性的想象力."在数学教学中,适时地抓住数形结合这一途径,以训练学生从形的角度看数式,也就是从一种新的（几何）角度去看旧的（代数）问题,或者从代数角度看几何问题,是培养创新潜质生创造性思维能力的极好契机.

案例1

已知定义在 $\mathbf{R}$ 上的奇函数 $f(x)$,满足 $f(x-4)=-f(x)$,且在区间 $[0,2]$ 上是增函数,若方程 $f(x)=m(m>0)$ 在区间 $[-8,8]$ 上有四个不同的根 x_1、x_2、x_3、x_4,则 $x_1+x_2+x_3+x_4=$ _____.

此题为2009年山东卷高考题.某教师在教学中启发学生:因为定义在 $\mathbf{R}$ 上的奇函数,满足 $f(x-4)=-f(x)$,所以 $f(x-4)=f(-x)$,因此函数图象关于直线 $x=2$ 对称且 $f(0)=0$.由 $f(x-4)=-f(x)$,知 $f(x-8)=f(x)$,所以函数是以8为周期的周期函数,又因为 $f(x)$ 在区间 $[0,2]$ 上是增函数,所以 $f(x)$ 在区间 $[-2,0]$ 上也是增函数.通过师生相互启发,有位学生在头脑中产生构想,形成如图 $4-3-1$ 所示的一个图形.

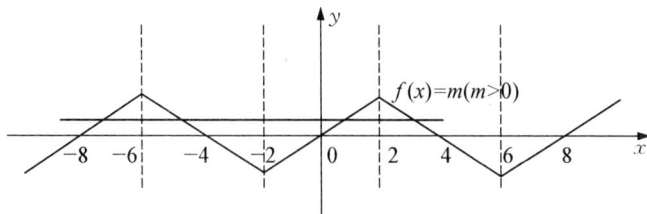

图 4 - 3 - 1

若设方程 $f(x) = m(m > 0)$ 在区间 $[-8, 8]$ 上的四个不同的根 $x_1 < x_2 < x_3 < x_4$，由对称性知 $x_1 + x_2 = -12$，$x_3 + x_4 = 4$，所以 $x_1 + x_2 + x_3 + x_4 = -12 + 4 = -8$.

本题既要依赖数式推演才能获得转化，又要考察其数式的结构特点，构造出与它对应的几何图形，借助图形的直观性得出结论，解法简洁、明快，具有创新的特点.

这种数形结合产生构想的训练，既发挥了大脑左半球的逻辑思维功能，又发挥了大脑右半球的形象思维功能，对发展创新潜质生的想象力很有帮助.

三、师促生思，诱其探究

创新潜质生数学创造性思维的培养能否实现，关键取决于教师的创造性和创新潜质生的主体性在教学活动中发挥的水平. 而教学的创造性，则鲜明地表现在教学活动的全过程中，教师要促使创新潜质生去发现和探索问题，把握问题的实质；提出问题，让他们自己去讨论、研究；鼓励创新潜质生发表见解，让他们参与教学，互相争论、互相研究、互相启迪，这些做法都将有利于创新潜质生创造性思维能力的发展.

案例 2

已知 $a, b \in \mathbf{R}_+$，且 $a + b = 1$，求证：$\dfrac{1}{a} + \dfrac{1}{b} \geq 4$.

这是不等式中的常见题型,以此为例,可从以下几方面引导创新潜质生思考、探究.

探究 1:你能给出几种证明方法?

通过提问,促使创新潜质生分别用函数思想、基本不等式、比较法、换元法等给出证明,通过一题多解训练创新潜质生的发散思维,提高创新潜质生综合运用知识的能力.

探究 2:根据已知条件,你能得到哪些新的不等式? 试写出其中两个,并加以证明.

引导创新潜质生由熟悉的习题向新的问题转化,使创新潜质生不但善于思考,而且善于多方位思考,培养其创造性思维.

探究 3:若条件增加一个量,推广前面的命题,你能得到什么不等式? 并证明其中两个.

引导创新潜质生灵活掌握与运用条件变式,促进其新旧知识的融会贯通,使其自觉形成知识体系.

探究 4:若条件变为 n 个量的情形,通过前面的推导,你又能得到什么不等式?

总之,创新潜质生是教学活动的中心,教师只有尊重和确立创新潜质生在教学活动中的主体地位,引导他们积极参与教学活动,培养其独立思考的态度,才能提高其创造性思维能力.

四、变更问题,给力创新

变更问题是数学发现的重要方法. 其基本方式有:变更问题的条件和结论,构造新问题;分解条件或结论,重组问题;将问题特殊化或一般化;变封闭式问题为开放式问题,探索数学规律等等. 提出问题是"创造"的开始,爱因斯坦曾指出:"提出问题往往比解决问题更重要."因此,教学中不仅要教会创新潜质生解决问题的策略,还要教会他们发现问题的方法,问题变更是培养其创造性思维能力的有效方法.

案例 3

已知圆的方程是 $x^2+y^2=r^2$，求经过圆上一点 $M(x_0,y_0)$ 的切线方程.

某教师在教学中，先引导创新潜质生分析问题的条件和结论，然后启发他们改变条件、结论，或重组条件、结论，或自主联想，构造新问题. 通过引导，学生变更的问题如下：

生 1：已知圆的方程是 $(x-a)^2+(y-b)^2=r^2$，求经过圆上一点 $M(x_0,y_0)$ 的切线方程.

生 2：已知圆的方程是 $x^2+y^2=r^2$，求经过圆外一点 $M(x_0,y_0)$ 且与圆相切的直线方程.

生 3：已知圆的方程为 $x^2+y^2=r^2$，直线 $x_0x+y_0y=r^2$ 与圆相切，则点 $M(x_0,y_0)$ 是否一定在圆上？

生 4：自点 $M(x_0,y_0)$ 发出的光线 l 射到 x 轴上，被 x 轴反射后，其反射光线所在直线与圆 $(x-a)^2+(y-b)^2=r^2$ 相切，求光线 l 所在直线的方程.

生 5：已知圆的方程为 $(x-a)^2+(y-b)^2=r^2$，$M(x,y)$ 是圆上一个动点，求 $x+y$ 的最大值和最小值以及取得最值时点 M 的坐标.

生 6：已知圆的方程为 $(x-a)^2+(y-b)^2=r^2$，$M(x,y)$ 是圆上一个动点，求 $\dfrac{y}{x}$ 的最大值和最小值以及取得最值时点 M 的坐标.

当然，创新潜质生在变更问题时，难免有不够准确、不够完善的地方，我们应给予鼓励，不能求全责备，挫伤他们的积极性和自尊心，浇灭他们创造的火花. 创新潜质生在一个接一个的提问中，思维得到训练，能力得到提高，他们所提问题由其自己去解决，使数学教学成为再创造、再发现的教学.

五、类比模拟，大胆猜想

类比、猜想是解决问题的重要方法，它对发展创新潜质生的创造性思维有着不可估量的作用. 教学中，不论是概念的产生，定理、公式的证明，还是规律的探求,处处都可以引导创新潜质生去猜想,无论猜想正确与否,都不影响猜想的价值.

案例4

在平面中,边数最少的封闭图形是三角形,在空间中,面数最少的封闭几何体是四面体,请根据三角形的一些性质和结论猜想四面体的情况.

让创新潜质生先复习三角形的简单性质和结论,教师将其板书在黑板上,同时引导创新潜质生指出平面内的点、线、面与空间中线、面、体的对应关系,然后让他们展开自由讨论,最后归纳如下:

三角形

1. 三角形有外接圆,其圆心为外心,外心是各边的垂直平分线的交点.

2. 三角形有内切圆,其圆心为内心,内心是各角平分线的交点,内心到各边距离相等,且 $S = \frac{1}{2}(a+b+c)r$,其中 S 为三角形的面积,a、b、c 为各边的长,r 为内切圆半径.

3. 正三角形的外心、内心、重心合一.

4. 三角形两边之和大于第三边.

5. 同底等高的两个三角形面积相等.

四面体

1. 四面体有外接球,其球心为外心,外心是各棱垂直平分面的交点.

2. 四面体有内切球,其球心为内心,内心是各二面角的平分面之交点,内心到各面的距离相等,且 $V = \frac{1}{3}(S_1 + S_2 + S_3 + S_4)R$,其中 V 为四面体的体积,S_1、S_2、S_3、S_4 为四面体各面的面积,R 为内切球的半径.

3. 正四面体的外心、内心、重心合一.

4. 四面体的三面的面积之和大于第四面的面积.

5. 同底等高的两个四面体体积相等.

通过上述类比、猜想,激发创新潜质生学习的欲望和积极性,将猜想的结果改成探究性习题让他们完成,这样不但可以提高创新潜质生学习的积极性,而且对于培养他们的创造性思维能力大有裨益.

六、直觉顿悟,突发奇想

数学直觉是对数学对象的某种直接领悟或洞察,它是一种不包含普通逻辑推理过程的直接悟性.科学直觉直接引导与影响数学家的研究活动,能使数学家不在无意义的问题上浪费时间.直觉与审美能力密切相关,这是在科学研究中唯一不能言传而只能意会的一种才能,面对思维,应当经常联系直观背景和实际因素.在中学数学教学中可以从模糊估量、整体把握、智力图象三个方面去创设情境,诱发创新潜质生的数学直觉,使其堵塞的思路突然接通!比如有的选择题我们从模糊估量上就能八九不离十地找到答案,有的问题靠直觉整体把握能很快发现"此路不通"或"条件有误".

例如,a 位学生在 b 小时内共搬运 c 块砖,那么以同样的速度,c 位学生要搬运 a 块砖需要的时间是(　　)小时.

(A) $\dfrac{c^2}{a^2 b}$　　　　(B) $\dfrac{c^2}{ab}$　　　　(C) $\dfrac{ab}{c^2}$　　　　(D) $\dfrac{a^2 b}{c^2}$

比较四个答案,只有(D)是一次的,直觉感到应是(D)正确.

将不同事物连接起来形成智力图象,往往使思路顿开,更是直觉思维的精彩之处.

案例 5

求不定方程 $x+y+z+t=8$ 的正整数解的个数.

学生一般不能马上求解此题.某位学生在课外活动打球时突然悟出了其中的道理:这个问题好像 8 个篮球要投入 4 个篮球筐中,每个筐都至少要投入一个球,就好像 8 个球的 7 个间隔插入 3 个"+"号的状态.这样在 7 个间隔中插入 3 个"+"号的方法数是 $C_7^3 = 35$,就是不定方程 $x+y+z+t=8$ 的正整数解的个数.

七、积极联想，旧知新用

在教材每章结束后，根据创新潜质生的特点，可以选择一些典型性的例题或高考题进行评析，以拓展他们的思维，提高其学习数学的兴趣和能力。由于中学教材几经编写、更新，愈来愈完善，同时增加了一些新的内容，这就使得我们处理问题时多了些新思想、新方法和新手段。

案例6

已知 $x \in \left[0, \dfrac{\pi}{2}\right]$，求证：$\dfrac{4 + \sin 2x}{1 + \sqrt{2}\sin\left(x + \dfrac{\pi}{4}\right)} \geqslant 2.$

在学完概率以后，教师启发创新潜质生用概率知识来证，在他们遇到困难时，教师适时提问、点拨：将原不等式变形为 $\dfrac{4 + 2\sin x\cos x}{1 + \sin x + \cos x} \geqslant 2$，由条件知 $0 \leqslant \sin x \leqslant 1$，$0 \leqslant \cos x \leqslant 1$，所以只需证 $2 + \sin x\cos x \geqslant 1 + \sin x + \cos x$，即只需证 $\sin x + \cos x - \sin x\cos x \leqslant 1$ 成立。由于此不等式涉及0与1，可考虑利用概率性质 $0 \leqslant P(A) \leqslant 1$ 及加法公式 $P(A+B) = P(A) + P(B) - P(AB)$ 来证。

事实上，设两独立事件 A 和 B，且 $P(A) = \sin x$，$P(B) = \cos x$，则

$$P(A + B) = P(A) + P(B) - P(AB) = \sin x + \cos x - \sin x\cos x \leqslant 1.$$

教师根据教材和创新潜质生的实际情况，在教学中引进一些新思想、新方法，启发创新潜质生积极联想，旧知新用，对培养其创造性思维能力非常有帮助。

八、群体智力，民主畅想

良好的教学环境和学习气氛均有利于培养创新潜质生的创造性思维能力。课堂上教师对创新潜质生讲授解题技巧是纵向交流和垂直启发，而他们之间的相互交流和切磋则可以促进个体之间创造性思维成果的横向扩散或水平流动。

案例7

存在这样的两个无理数 x、y,使得 x^y 是有理数吗?

这是一道数学竞赛的培训题. 某教师的思路是:令 $x=\sqrt{2}$,$y=\sqrt{2}$,若 $\sqrt{2}^{\sqrt{2}}$ 是有理数,则问题已得解;若 $\sqrt{2}^{\sqrt{2}}$ 是无理数,则 $(\sqrt{2}^{\sqrt{2}})^{\sqrt{2}}=\sqrt{2}^2=2$ 是有理数. 因此,一定存在这样的两个无理数 x、y,使得 x^y 是有理. 证明虽然漂亮,但该教师意识到并没有指出哪两个无理数具有这种性质,于是组织学生进行讨论,经过讨论,有位学生举出 $x=\sqrt{2}$,$y=\log_2 9$ 是两个无理数,而 $x^y=\sqrt{2}^{\log_2 9}=3$ 是有理数的例子. 集思广益,得到了优美、简捷的构造法证明,进而引起了大家对无理数性质研究的兴趣.

在讨论过程中,教师对创新潜质生的新想法应尽量启发、帮助他们表达清楚,对其中的合理成分应充分肯定,切忌轻率武断地否定其想法,形成平等、民主的讨论氛围,这对促进创新潜质生数学创造性思维的发展是十分必要的.

九、发散求异,多方设想

从思维的指向性看,美国心理学家吉尔福特提出了发散思维与收敛思维的概念,它们可形象地如图 4-3-2 所示.

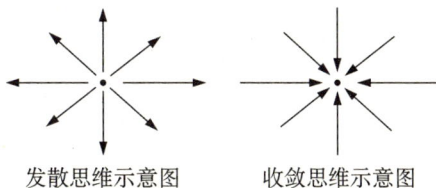

发散思维示意图　　收敛思维示意图

图 4-3-2

吉尔福特在斯坦福大学演讲时指出:"发散思维是沿着各种不同的方向去思考的,即有时去探索新运算,有时去追求多样性."我国数学家徐利治教授在其所著的《数学方法论选讲》一书中指出:"发散思维能力有助于提出新问题,孕育新思想,建立新概念,构筑新方法","数学家创造能力的大小应和他的发散思维能力成正比".通过一题多解培养创新潜质生的发散思维,发展其数学创造性思维是一条有效途径.

案例 8

已知 $x>0$,$y>0$,$xy-x-y=1$,求 $x+y$ 的最小值.

某教师在教学中鼓励学生从不同的角度,发掘新思路、新见解,促进他们发散思维,使他们的思维从单一性向多维性发展,做到举一反三,触类旁通.

师:若将 $x+y$ 看作一个变元,解题的关键则为设法消去 xy 项,怎样消去 xy 项呢?

生 1:∵ $x>0$,$y>0$,∴ $xy \leqslant \left(\dfrac{x+y}{2}\right)^2$,即 $1+(x+y) \leqslant \left(\dfrac{x+y}{2}\right)^2$,

解得 $x+y \geqslant 2+2\sqrt{2}$,或 $x+y \leqslant 2-2\sqrt{2}$(舍).

故 $x+y$ 的最小值为 $2+2\sqrt{2}$.

师:因为 $xy=x+y+1$,若能求出 xy 的最小值,问题也就解决了,怎样求 xy 的最小值呢?

生 2:∵ $xy-1=x+y \geqslant 2\sqrt{xy}$,∴ $(\sqrt{xy})^2-2\sqrt{xy}-1 \geqslant 0$,

即 $xy \geqslant 3+2\sqrt{2}$,∴ $x+y \geqslant 2+2\sqrt{2}$.故 $x+y$ 的最小值为 $2+2\sqrt{2}$.

师:能否构造方程来解决这个问题呢?

生 3:令 $t=x+y$,则 $t>0$,$y=t-x$,代入已知条件得 $x^2-tx+t+1=0$.

由 $\Delta=t^2-4t-4 \geqslant 0$,得 $t \geqslant 2+2\sqrt{2}$,或 $t \leqslant 2-2\sqrt{2}$.

故 $x+y$ 的最小值为 $2+2\sqrt{2}$.

师:将已知条件中的等式因式分解为 $(x-1)(y-1)=2$,分解后的两个因式的积为定值,若能求两个因式和的最小值,则问题迎刃而解.如何求两个因式和的最小值呢?

生 4:要使 $(x-1)+(y-1)$ 有最小值,需 $x-1>0$,$y-1>0$.

由 $(x-1)(y-1)=2$,知 $x \neq 1$ 且 $y \neq 1$.

若 $x \in (0,1)$,∵ $(x-1)(y-1)>0$,∴ $y \in (0,1)$.则此时 $(x-1)(y-$

1)＝2 不可能成立,

$\therefore x>1, y>1, \therefore x+y=(x-1)+(y-1)+2 \geqslant 2\sqrt{(x-1)(y-1)}+2=2+2\sqrt{2}.$

师:由$(x-1)(y-1)=2$,知 $x-1$、$\sqrt{2}$、$y-1$ 成等比数列,能否用等比数列的性质求 $x+y$ 的最小值呢?

生5:令 $x-1=\dfrac{\sqrt{2}}{q}$, $y-1=\sqrt{2}q(q>0)$,则 $x+y=\dfrac{\sqrt{2}}{q}+\sqrt{2}q+2 \geqslant 2+2\sqrt{2}.$

故 $x+y$ 的最小值为 $2+2\sqrt{2}.$

师:能否用数形结合来解本题呢?

生6:方程 $y=\dfrac{2}{x-1}+1(x>1)$ 表示双曲线的一支 $C.$

设 $x+y=b$,则 $y=-x+b$,它表示斜率为 -1 的平行直线系 l,所以问题变为"求直线 l 与曲线 C 有公共点时截距 b 的最小值".如图4-3-3所示,当且仅当直线 l 过点 $P(\sqrt{2}+1, \sqrt{2}+1)$ 时,b 最小,最小值为 $2+2\sqrt{2}.$ 故 $x+y$ 的最小值为 $2+2\sqrt{2}.$

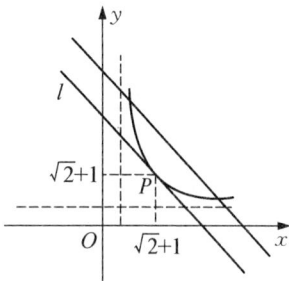

图 4-3-3

十、思维设计,允许幻想

英国数学家德·摩根曾指出:"数学发明创造的动力不是推理,而是想象力的发挥."列宁也曾说过:"幻想是极其可贵的品质","甚至在数学上也是需要幻想的,没有它就不可能发明微积分".在数学的抽象思维中,动脑设计,构想程序,可以锻炼创新潜质生抽象思维中的建构能力.马克思曾比喻过:"最拙劣的建筑师和最巧妙的蜜蜂相比显得优越的是建筑师在以蜂蜡构成蜂房以前,已经在他的头脑中把它构成了."根据需要在头脑中构想方案,建立某种结构,是一种非常重要的创造能力.这种能力可以通过数学中有限制条件的开放型问题去训练创新潜质生,效果很好.

案例 9

鸡兔共有头 18 个,足 60 只,问有多少只鸡,多少只兔?

这是有名的鸡兔同笼问题.某教师在引导学生求解时,有个学生列算式:$60 \div 2 - 18 = 12$,即为兔子的只数,当然 $18 - 12 = 6$ 为鸡的只数.这与鸡兔同笼算术公式不符.但是该教师没有武断地认为学生是凑数凑出来的答案而加以否定,他让学生讲一讲理由,学生解释说:把鸡腿捆起来看成金鸡独立的"单脚鸡",把兔子看成前脚抱着大萝卜站着的"双脚兔",这时鸡兔的足均"减少"了一半,$60 \div 2 = 30$ 只足.每只"双脚兔"比"单脚鸡"多一只脚,$30 - 18 = 12$ 正是兔子的头数.多么丰富的想象,甚至是幻想!这种别出心裁的解法简直让人拍案叫绝!

第五章

拔尖创新潜质生的数学直觉思维培养

直觉思维是指人们打破逻辑规则的约束,直接领悟事物本质的一种思维方式,是一种非逻辑思维.直接考虑数学对象、结构及数学关系的思维活动,我们称之为数学直觉思维.法国数学家、哲学家庞加莱说:"逻辑用于证明,直觉用于发明."由于我国的数学教学历来较多强调逻辑推理,而对数学直觉思维有所忽视,使学生在学习数学时产生枯燥感,从而丧失兴趣,缺少创新与发明.因此,创新潜质生数学直觉思维的培养不仅是数学教学的需要,也是社会发展的需要,更是现代社会公民的必备思维素质.

第一节　拔尖创新潜质生数学直觉思维概述

数学直觉思维是人脑对数学对象及其结构的一种迅速的识别、直接的理解、综合的判断,是数学的洞察力.

直觉思维的过程是人们以已有的知识经验为依据,对所研究的问题提出猜测和假设的过程.直觉思维所追求的是对数学对象及其研究过程的本质的、整体的把握.下面我们首先力求通过对逻辑思维与直觉思维的比较,鉴别出直觉思维的基本特征;然后通过对直觉思维的基本内容的阐述,分析出直觉思维得以产生的思维基础.以期对创新潜质生数学直觉思维能力的培养提供直接的、有效的培养模式.

一、直觉思维与逻辑思维的比较

抽象思维以其思维过程是否遵循一定的逻辑规则为标准,可划分为逻辑思维和直觉思维.两者的比较如下表所示.

思维成分	逻辑思维	直觉思维
典型方式	演绎、完全归纳	顿悟、灵感
思维过程	(1) 遵循逻辑法则 (2) 以渐近方式展开 (3) 有清晰完整的思维过程 (4) 结果具有滞后性	(1) 不遵循逻辑法则 (2) 以跃进方式展开 (3) 思维过程不清晰,有时瞬时间断 (4) 结果具有超前性
思维素质	(1) 条理性 (2) 论证性 (3) 精确性	(1) 灵活性 (2) 敏捷性 (3) 创造性
思维产品	(1) 概念 (2) 定理、公式、法则、性质 (3) 数学知识体系	(1) 形象 (2) 猜想 (3) 数学问题体系
主要作用	(1) 论证 (2) 思维的深入展开 (3) 问题的具体解决 (4) 表达交流	(1) 提出问题 (2) 思维的启动 (3) 问题的概略解决 (4) 互相触发

由此,我们可以得出以下几点结论:

第一,直觉思维与逻辑思维是两种不同的思维形式.逻辑思维是以理解力占主导地位,它的判断以概念为基础,主要推理方法是逻辑推理;而直觉思维是以想象力占主导地位,它的判断以直觉为基础,主要推理方法是非逻辑推理.正是由于直觉思维的出发点不是概念,而是积极的想象,因而更富有创造性,它代表了创造性思维的本质特征.

第二,直觉思维与逻辑思维又是两种互补的思维形式,两者的辩证运动构成了完整的数学思维过程,其间直觉为演绎提供了动力并指示着方向;而逻辑思维则对直觉思维作出检验和反馈,是直觉的深入和精确化.两者的辩证运动推动着数学思维进程的不断前进和发展.

直觉思维与逻辑思维的辩证运动过程,可用如图 5-1-1 所示的框图表示:

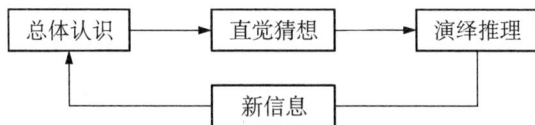

图 5 - 1 - 1

第三,直觉思维与逻辑思维作为两种思维形式,在其辩证运动的数学思维过程中是可以相互转换的.其间的每一次转换都标志着理解的深化.由逻辑思维上升到直觉思维的过程正是认识过程中由量变到质变的飞跃的过程.知识和经验的积累是量变的前提,而使得质变的飞跃得以实现的更重要的因素是位于逻辑思维与直觉思维之间的既有逻辑成分,又有非逻辑成分的中介思维方式的存在.正是由于这种中介思维方式的存在,使得逻辑思维与直觉思维间的转换有了一条可达的路径,也为我们致力于对创新潜质生数学直觉思维能力的培养开辟了新的途径.关于中介思维方式的具体描述我们将在下一节给出.

二、拔尖创新潜质生数学直觉思维的基本特征

特征 1　突发性

创新潜质生直觉思维产生的过程十分短暂,既突如其来,又稍纵即逝,头脑中各种思维元素调动、组合,以求在极短的时间内实现认识过程的突变和智力的飞跃.当然,这种思维的突变或飞跃是创新潜质生以长期的思维渐进过程为背景的.

特征 2　跳跃性

因为创新潜质生直觉思维依赖于思维中的想象、猜测和洞察力去直接地把握事物,所以他们的思维呈跳跃状,思维的路线曲线中有"间断点",有时甚至直接由已知条件跳到结论,而中间过程则可能是模糊的.

特征 3　非逻辑性

创新潜质生数学直觉思维的非逻辑性,是其本质特征.创新潜质生的数学直觉是一种直接反映数学对象结构关系的心智活动形式.它是人脑对于数学结

构及其关系的某种直接的领悟或洞察.它是一种不同于普通逻辑推理过程的直接悟性.

特征4   整体性

在创新潜质生直觉思维过程中,思维的主体常表现为对事物的整体洞察、全局上的把握,暂时舍弃局部的、细节的和非本质的部分,整体的确定性及细节上的模糊性即为创新潜质生数学直觉思维的一个特征.

特征5   猜测性

创新潜质生的直觉思维不能认为是完全可靠的.因此,任何由数学直觉思维俘获来的"战利品"都需要经过严格的逻辑验证.

特征6   超前性、独特性和似真性

创新潜质生直觉思维的结果形成猜想,猜想出现于证明之前.这就体现了创新潜质生直觉思维结果的超前性.正是这种超前性,使直觉成为创新潜质生提出问题和发现问题的重要工具.而问题又可以成为逻辑思维的动力和指针,使逻辑思维受到激励并明确展开的方向.由于直觉思维的结果具有随机性,因而创新潜质生可能产生独特的认识或独到的发现.爱因斯坦说:"真正可贵的是直觉","科学原理虽以直接经验为基础,但原理的发现并没有逻辑的道路,只有那种以经验的共鸣的理解为基础的直觉".创新潜质生解题思路的独特、新颖也产生于对经验的共鸣的理解为基础的直觉.创新潜质生直觉思维的结果大多是由特殊到一般或由特殊到特殊的推理方式得出的,其真伪有待于用逻辑手段加以证实,因而具有似真性.

案例1

将1至9这9个自然数填在如图5-1-2所示的3×3的正方形表格中,使得每横行、每竖行、每条对角线上的三个数字之和相等.

图5-1-2

此题若按逻辑思维的方法,则设这9个数分别为 x_1 至 x_9,然后围绕中心位置 x_5 进行逻辑分析,确定出 $x_5=5$,然后逐一地确定出所有的 x_i 的值,其过程显得繁杂.下面将某位学生解此题的思维过程简

要演示如图 5-1-3 所示:

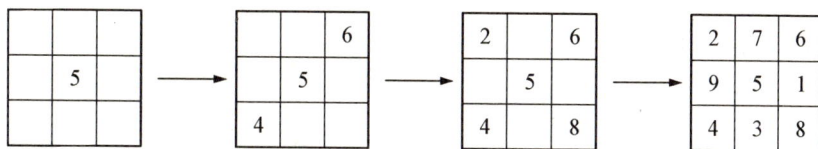

图 5-1-3

该生的求解思路完全是根据数的对称性的特征进行审美推理的过程. 这正是创新潜质生直觉思维的过程. 此间充分体现了创新潜质生数学直觉思维的突发性、思维过程的跳跃性、思维形式的非逻辑性、思维原则的整体性这几个基本特征.

案例 2

某位学生在学习数列后,整理自然数中的素数时列出下面的数表:

行号											
(1)	2	1	2								
(2)	3	3	4	5							
(3)	5	6	7	8	9	10					
(4)	7	11	12	13	14	15	16	17			
(5)	11	18	19	20	21	22	23	24	25	26	27	28
(6)	13	29	30	31	…	…	…	…	…		
(7)	17	42	43	44	…	…	…	…	…	…	
…		…	…								
(11)	31	130	131	132	…	…	…	…			
(12)	37	161	162	163	…	…	…	…			
…		…	…								

此数表的构成方法是将自然数中的素数从小到大排列如表中左列,并将自然数按如下规则依次写出:素数 2 所在的行写 1、2 两个数;素数 3 所在的行写

3、4、5 三个数;素数 5 所在的行写 6、7、8、9、10 五个数……按此规则无限地写下去.该生根据他观察此表前 5 行,发现奇数行中的第二个数、偶数行中的第一个数和第三个数为素数.他猜想这个规律对于此表中所有行都成立.于是提出如下猜想(这是一个直觉思维的结果):数表中所有奇数行中的第二个数均为素数;所有偶数行中的第一个数和第三个数均为素数.教师让全班学生讨论这一猜想是否成立.于是大家继续实验,一直检验到第 11 行,这一猜想仍是正确的.但当大家检验到第 12 行时,发现 $161=7×23$ 是个合数.从而最终得到结论:这一猜想是不正确的.这一实例使我们看到创新潜质生数学直觉思维的结果的超前性和独特性的同时,也看到了其结果的似真性,因而直觉思维的结果还需要逻辑的检验.

　　上述两个运用数学直觉思维的实例,一个是成功的,另一个是失败的,充分体现了创新潜质生直觉思维的五个基本特征.同时也表明了创新潜质生的数学直觉思维能力是需要培养的.那么,对于创新潜质生数学直觉思维究竟培养什么以及如何培养? 我们需要从创新潜质生数学直觉思维的基本内容出发,并以此为切入点探讨其数学直觉思维的培养模式.

三、拔尖创新潜质生数学直觉思维的基本内容

　　创新潜质生数学直觉思维以其在思维过程中通常的表现形式,可概括为以下三个方面的基本内容:直觉判断、直觉想象和直觉启发.

(一) 直觉判断

　　直觉判断是创新潜质生对于客观存在的实体、现象、词语、符号及其表征的相互关系的一种迅速的识别或直接的理解.这种直觉的理解、综合的判断就是通常所说的思维洞察力.在这一过程中,人们不是分析地、按部就班地进行逻辑推理,而是从整体上作出直接的把握.

　　直觉的判断密切地依赖于联想,是创新潜质生由当前面临的事物回想起其他事物,或由此事物无意识地唤醒了落入记忆深处的其他事物,使之起到作用

的一种思维方式. 显然,这种快速的联想所作出的判断是与丰富的知识密切相关的.

另外,创新潜质生数学直觉判断多是从审美意识出发对数学结构及其关系进行判断的.

(二) 直觉想象

创新潜质生在外界信息不充分的情况下,无法从所面临的事实、符号或形式作出判断. 条件与结论的关系链中有许多障碍要跨越,这就要借助于想象以形成一个整体的判断,即用创造性的想象去连贯和理解它们.

创新潜质生直觉的想象依赖于猜想. 猜想是创新潜质生思维活动中最积极的因素,是其理性中最富于创造性的活动. 猜想是以判断的形式出现的,而且是具有一定自信程度的判断,是与情感领域中的非智力因素相关的. 猜想的可靠依据往往不足,因而需要形式逻辑或科学实验作出验证.

(三) 直觉启发

创新潜质生长时间沉思于某个问题,各种想法在脑际中无序地运动,相互作用,且没有搜索到以前固有的模式,而在某种外部信息的诱发作用下,使问题豁然贯通,思维过程中的障碍物被清除,一个新发现或方法产生了,问题得到了实质性的突破. 创新潜质生这种直觉的"顿悟",也就是人们通常所说的"灵感". 在科学史中由于受到直觉启发的诱导作用而产生重大发现的实例颇多. 德国化学家凯库勒冥思十二年之久不得其解的苯环结构式,是壁炉内闪着的火星(犹如蛇一般弯曲盘绕,首尾相连)充当了直觉启发的诱导因素,使他发现了苯的六角环形结构式的事实恰是众多的实例之一.

直觉的启发与类比思维有着密切的联系. 这种类比思维是一种具有很大跳跃性的超越形式逻辑的"类比",是在那些看来不相干或者无可类比的事物之间,筛选出了合适的成分并相比较的心理过程.

事实上,上述创新潜质生直觉思维的三个基本内容是很难截然分开的. 它们同处于统一的直觉思维过程之中,水乳交融. 其中最基本的表现形式是直觉判断. 因为想象和启发最终是以判断的形式外现,而且这种直觉思维过程表现得异常迅速,以至于很难严格地划分出是哪种直觉思维内容.

案例3

从 1, 2, 3, …, 100 这 100 个自然数中挑出 20 个互不相邻的自然数,有多少种方法?

有位学生说,这道题他思考了几天仍没寻求到解决的办法,一天偶然地看到别人下围棋时,思路突然开朗,他一下跳了起来,宣布自己找到了答案.在他的头脑中,这 100 个自然数突然变成了棋子,这不就是在一排 80 个黑棋子间放进 20 个互不相邻的白棋子吗!答案也出来了(C_{81}^{20}).这位学生在思考这个问题的过程中,值得注意的特点是,他看到围棋的那一瞬间,已对自己找到了最优解法深信不疑,此时此刻,直觉的启发、想象和判断几乎是同时进行的.

通过上述对创新潜质生数学直觉思维的基本内容的分析,针对其直觉思维可能产生的途径,我们不难得出结论:归纳、类比、联想、想象这四种思维形式与直觉思维的形成密切相关,它们出现于逻辑思维与直觉思维相互转换的过程中,我们不妨将其统称为中介思维形式.也正是中介思维的主要形式——类比、联想的存在使得逻辑思维与直觉思维间的转化成为一种可能.此时逻辑思维与直觉思维间的演变过程如图 5-1-4 所示.

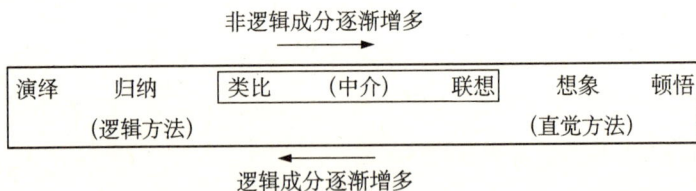

非逻辑成分逐渐增多

演绎	归纳	类比	(中介)	联想	想象	顿悟
(逻辑方法)					(直觉方法)	

逻辑成分逐渐增多

图 5-1-4

综上可知,中介思维的主要形式——类比、联想的能力培养以及对数学美的鉴赏能力的培养将成为对创新潜质生数学直觉思维能力的培养中直接的、重要的培养模式.

第二节　拔尖创新潜质生数学直觉思维分析

在上一节,我们在对数学直觉思维的含义、创新潜质生数学直觉思维的特征及内容进行初步描述的基础上,概括出了能够使创新潜质生的数学直觉思维能力得以培养的几个重要方面.然而对一个问题的质的认识必须要从其形成机制和其自身的实质两方面为突破口进行深入讨论.为此,我们再从心理学的角度分析创新潜质生数学直觉思维的形成过程,同时探讨其数学直觉思维产生的条件和实质,探讨培养创新潜质生数学直觉思维能力的有效模式,以求对创新潜质生数学直觉思维有一个更高层次上的认识.

一、拔尖创新潜质生数学直觉思维的心理探析

从心理学的角度分析,不难看出创新潜质生数学直觉思维作为思维的基本成分之一,它必然是人脑的产物.下面我们就从思维的显意识和潜意识理论出发来分析创新潜质生数学直觉思维的形成过程.人们对数学问题的研究,起始状态都是有目的的、自觉的意识活动,即显意识活动.为了达到研究的目标,人们对与其相关的数学事物加以整理、分析、研究,试图从中发现有可利用价值的各种可能的组合.法国数学家彭加勒即把这种显意识思维活动描述为:"数学家们开动了脑子机器,使挂在壁上由数学事物形成的'观念原子'成群地飞舞起来."正是通过观念原子间的碰撞,继而形成所谓的"脑风暴",这时出现两种可能:一种是立即产生新的思想、观点;另一种则是受阻后转入潜意识之中.一旦显意识和潜意识得到沟通,就会形成领悟,进而达到直觉思维的目标.对直觉思维的形成过程的这一解释正如钱学森在《关于思维科学》中所描述的:"灵感所解决的问题通常是以前未解决的问题,经过长时间的孕育、思考之后,一部分'问题意识'连同加工过的方法已经转入潜意识贮存,在某个适当时候,突然闪现出一个念头,使问题得以解决.因此,灵感是显意识与潜意识的'忽然接通'."

创新潜质生数学直觉思维的形成过程,我们可以通过图 5-2-1 给予简要描述.

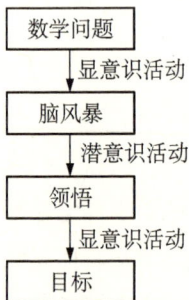

数学问题
↓ 显意识活动
脑风暴
↓ 潜意识活动
领悟
↓ 显意识活动
目标

图 5 - 2 - 1

通过对创新潜质生数学直觉思维的形成过程的上述分析,使我们意识到,创新潜质生的认识活动使其大脑产生两种空间——知识空间和直觉空间.知识空间储备着他们已获得的并加以系统化了的知识,它以静态的方式存在.而数学直觉空间却是动态的,它以一种心智图象具有某种程度的抽象或模式化了的"形象"的形式显现出来.这种心智图象是他们进行直觉思维活动的载体.创新潜质生数学直觉思维是对那种隐藏于数学对象深层的数学事物关系间的和谐性与规律性的感受,正是这种感受把知识空间投影和净化成那幅心智图象.由此可知,创新潜质生数学直觉思维就是在他们对数学的认识活动中大脑的直觉空间对知识空间的作用.

通过上述从心理学的角度对创新潜质生数学直觉思维的形成过程的分析,使我们认识到数学直觉思维的产生并不仅仅限于数学家.如果一个创新潜质生在解决某一个数学问题时能对其结果作出某种直接的领悟,即可认为这是一种数学直觉思维的结果.从其创造性的意义来说,当然不及数学家的创造成果那么有价值.然而,从其实质上讲,两者却是一致的,只有层次上的高低之分,而无真伪之别.这充分表明了培养与提高创新潜质生数学直觉思维能力的可能性和现实性.那么在对创新潜质生数学直觉思维能力加以培养的过程中如何帮助其形成心智图象,如何促成脑风暴的形成已成为两个至关重要的问题.

案例 1

一个量 W 经"建模"后得关系式 $W = \dfrac{1}{c}\left(\dfrac{3a}{\sqrt{1-u^2}} + \dfrac{b}{\sqrt{1-t^2}}\right)$,其中 a、b、c、u、t 都是正值,$u<1$, $t<1$,并且满足约束条件 $at+bu=c$, $a^2+2bcu=b^2+c^2$.请你设计出一种方法,求出量 W 的最小值来.

求函数 $W = \dfrac{1}{c}\left(\dfrac{3a}{\sqrt{1-u^2}} + \dfrac{b}{\sqrt{1-t^2}}\right)$ 的极值,一时难以下手.某教师在教学中让学生看一看函数式中哪部分结构比较熟悉,这实际是启发学生形成脑风暴,在脑子的内存中进行快速的搜索.发现 $\sqrt{1-u^2}$、$\sqrt{1-t^2}$ 可以表为三角函数的形式,于是直觉到似乎可以转化为三角函数求极值.该教师于是进一步寻求突破口:由 a、b、c、u、t 满足 $a^2+2bcu=b^2+c^2$,即 $a^2=b^2+c^2-2bcu$,且 $u<1$,$t<1$,若设 $u=\cos\alpha$,α 为锐角,于是 $a^2=b^2+c^2-2bcu=b^2+c^2-2bc\cos\alpha$.这样头脑中逐渐萌生了一个心智图象:作 $\triangle ABC$(如图 5 - 2 - 2 所示),使 $AC=b$,$AB=c$,$\angle A=\alpha$,则 $BC=a$.

由 $at+bu=c$,自 C 作 $CH\perp AB$ 于 H. $AH=b\cos\alpha=bu<c$.

所以,点 H 落在 AB 上,于是可知 $\angle B<90°$.

令 $t=\cos\beta$,由条件 $at+bu=c$,知 $a\cos\beta+b\cos\alpha=c$.

由图 5 - 2 - 2 得 $b\cos\alpha+a\cos B=c$.

比较得 $a\cos B=a\cos\beta$. 因为 β 与 B 都是锐角,所以 $B=\beta$. 所以 $\triangle ABC$ 的边 a、b、c,角 α、β 恰是满足题设约束条件的 a、b、c、u、t 的一组值. 至此可以在萌生了的心智图象上进行探索.

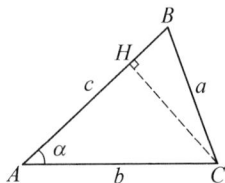

图 5 - 2 - 2

由于 $u=\cos\alpha=\cos A$,$t=\cos\beta=\cos B$,此时有

$$W=\frac{1}{c}\left(\frac{3a}{\sqrt{1-u^2}}+\frac{b}{\sqrt{1-t^2}}\right)=\frac{1}{c}\left(\frac{3a}{\sin A}+\frac{b}{\sin B}\right).$$

设 $\triangle ABC$ 外接圆的半径为 R,由正弦定理得 $W=\frac{1}{c}(6R+2R)=\frac{8R}{c}$.

因为 $c\leqslant 2R$,所以 $W_{\min}\geqslant\frac{8R}{2R}=4$.

事实上,在萌生了的心智图象上直觉到,当 $\triangle ABC$ 是直角三角形时最小值 4 是可以达到的.

当 $a=8$,$b=6$,$c=10$,$u=\frac{3}{5}$,$t=\frac{4}{5}$ 时,$at+bu=8\times\frac{4}{5}+6\times\frac{3}{5}=10=c$,$a^2+2bcu=64+2\times 6\times 10\times\frac{3}{5}=136$,$b^2+c^2=36+100=136$. 所以 $a^2+2bcu=b^2+c^2$.

而 $W=\frac{1}{10}\left(\frac{3\times 8}{\sqrt{1-\left(\frac{3}{5}\right)^2}}+\frac{6}{\sqrt{1-\left(\frac{4}{5}\right)^2}}\right)=4$,所以 W 的最小值是 4.

通过如此创设问题情境的教学,能够使得数学教学真正成为数学思维活动的教学.正是在教师创设的问题情境中,适时在课堂上激发"思维场",进而促进学生形成"脑风暴",以促使创新潜质生直觉思维的形成和发展.

二、拔尖创新潜质生数学直觉思维产生的条件

历史上靠直觉的发明创造举不胜举.牛顿发现万有引力定律,阿基米德发现浮力定律,笛卡儿发现解析几何等等都是思维火花的一闪念,但大量事例证明直觉的产生虽具有偶然性,但又不是随心所欲、凭空产生的,只有具备了一定的条件,直觉才能产生.创新潜质生产生直觉的条件至少有以下三方面:

(一)对问题具有足够的经验和知识;

(二)对问题经过一定时间艰苦的思考;

(三)对问题解决有必需的逻辑素养和一定的思维能力.

把直觉思维神秘化,夸大直觉的非逻辑因素的作用是不可取的,事实证明灵感、顿悟来源于长期的实践和刻苦的思考,它与浅尝辄止、思想懒汉是无缘的.

案例 2

设 $f(x)=ax^2+bx+c(a\neq 0)$ 满足条件 $af(m)<0$,求证: $f(x)$ 存在两个零点,分别在点 $(m,0)$ 的左、右两侧.

这里条件是 $af(m)<0$,结论是存在 x_1、x_2,使 $ax_1^2+bx_1+c=0$, $ax_2^2+bx_2+c=0$,且 $x_1<m<x_2$. 关键在于如何从 $af(m)<0 \Rightarrow \Delta=b^2-4ac>0$. $af(m)<0$ 与 $\Delta=b^2-4ac$ 似难直接联系,在正面强攻受阻时,往往采取迂回策略,从反面出击,从 $\Delta=b^2-4ac\leqslant 0$ 出发,看能引出什么矛盾?这是激发创新潜质生数学直觉的有效路径之一.

事实上,设 $\Delta=b^2-4ac\leqslant 0$,则 $af(m)=a^2\left(m+\dfrac{b}{2a}\right)^2-\dfrac{\Delta}{4}\geqslant 0$. 这与已知条件 $af(m)<0$ 矛盾,所以 $\Delta>0$. 存在 x_1、x_2 为 $f(x)$ 的两个零点. 故 $f(x)=a(x-x_1)(x-x_2)$,由 $af(m)<0$,得 $af(m)=a^2(m-x_1)(m-x_2)<0$.

故有 $x_1 < m < x_2$.

三、拔尖创新潜质生数学直觉思维的实质

研究表明创新潜质生数学直觉思维的实质是他们在认识数学对象的过程中的飞跃.

案例3

记 $[x]$ 为不超过实数 x 的最大整数,例如,$[2] = 2$,$[1.5] = 1$,$[-0.3] = -1$. 设 a 为正整数,数列 $\{x_n\}$ 满足 $x_1 = a$,$x_{n+1} = \left[\dfrac{x_n + \left[\dfrac{a}{x_n}\right]}{2}\right]$($n \in$ $\mathbf{N}^*$),现有下列命题:

① 当 $a = 5$ 时,数列 $\{x_n\}$ 的前3项依次为5、3、2;

② 对数列 $\{x_n\}$ 都存在正整数 k,当 $n \geqslant k$ 时总有 $x_n = x_k$;

③ 当 $n \geqslant 1$ 时,$x_n > \sqrt{a} - 1$;

④ 对某个正整数 k,若 $x_{k+1} \geqslant x_k$,则 $x_n = [\sqrt{a}]$.

其中的真命题有＿＿＿＿.(写出所有真命题的编号)

此题为2012年四川卷高考题.某教师在教学中展示题目后,学生普遍感觉有难度,只有命题①学生公认正确.

生1很踊跃,到前面给大家投影了解题过程:若 $a = 5$,根据 $x_{n+1} =$ $\left[\dfrac{x_n + \left[\dfrac{a}{x_n}\right]}{2}\right]$($n \in \mathbf{N}^*$),得 $x_2 = \left[\dfrac{5+1}{2}\right] = 3$,$x_3 = \left[\dfrac{3+1}{2}\right] = 2$,故 ① 成立.

师:我们如何判断其他三个命题的真伪呢?(教室里鸦雀无声)

生2突然站起来:对于 ②、③、④ 可以采取特殊值法检验.

师:好,给大家讲讲你的思路!

生2:当 $a = 1$ 时,$x_1 = 1$,$x_2 = 1$,$x_3 = 1$,…,$x_n = 1$,此时 ②、③、④ 均成立.

当 $a = 2$ 时,$x_1 = 2$,$x_2 = 1$,$x_3 = 1$,…,$x_n = 1$,此时 ②、③、④ 也成立.

当 $a=3$ 时，$x_1=3$，$x_2=2$，$x_3=1$，$x_4=2$，$x_5=1$，断定往后的项是 2、1 相间，此时命题②不成立，③、④仍然成立. 因此，凭直觉我们可以猜想③、④应该是真命题.

师：对于此题，由于题型特殊，生 2 取特殊值检验，方法巧妙！对于③、④成立的依据值得大家一起探讨.（接下来，师生一起探讨出证明过程）

师板书：若 $k\in\mathbf{Z}$，则 $k+[x]=[k+x]$.

显然 $x_n\in\mathbf{N}^*$，

$$\therefore\ x_n+\left[\frac{a}{x_n}\right]=\left[x_n+\frac{a}{x_n}\right]\geqslant[2\sqrt{a}],$$

$$\therefore\ x_{n+1}=\left[\frac{x_n+\left[\dfrac{a}{x_n}\right]}{2}\right]\geqslant[\sqrt{a}]>\sqrt{a}-1.$$

因此，命题③为真命题.

确认了命题③正确之后，命题④的确认也就水到渠成了.

事实上，对于某个正整数 k，若 $x_{k+1}\geqslant x_k$，则 $x_k\leqslant x_{k+1}=\left[\dfrac{x_k+\left[\dfrac{a}{x_k}\right]}{2}\right]\leqslant$

$\left[\dfrac{x_k+\dfrac{a}{x_k}}{2}\right]\leqslant\dfrac{x_k+\dfrac{a}{x_k}}{2}.$

从而有 $2x_k\leqslant x_k+\dfrac{a}{x_k}$，即 $x_k\leqslant\dfrac{a}{x_k}$，$x_k^2\leqslant a$，$x_k\leqslant\sqrt{a}$.

$\because\ x_k$ 是正整数，$\therefore\ x_k\leqslant[\sqrt{a}]$，又由③知 $x_k\geqslant[\sqrt{a}]$，$\therefore\ x_k=[\sqrt{a}]$.

通过上面的案例，我们认识到直觉并不是什么神秘之物，它是创新潜质生认识活动中主、客观联系的一个方面，是他们对于客观真理的认识活动的一部分，即他们的认识活动是直觉和经验的认识与理性分析的辩证统一，是认识过程中的飞跃.

第三节　拔尖创新潜质生数学直觉思维的培养方法

直觉是对思维对象本质和规律的洞察，是未经渐进精细的逻辑推理，而以简化的逻辑程序作出直接的估断或预见.数学直觉是人脑对于数学对象(结构及其关系)的某种直接的领悟和洞察.因此,数学直觉是思维中最活跃、最积极、最具创造性的成分.我国数学家徐利治教授指出:"数学直觉是可以后天培养的.实际上每个人的数学直觉也是不断提高的."在数学教学中如何培养创新潜质生的直觉思维? 我们认为采用以下方法是大有裨益的.

一、借力简缩思维,促成直觉潜入

数学简缩思维就是对问题的全部信息,通过合理筛选,提炼出有效信息,忽略与结论不很紧密的中间过程,将思维聚焦到问题的"中心",从而快速得出问题的正确答案,以达到促成直觉潜入,简化解题的目的.简缩思维一般有整体化、特殊化、极限化等基本策略.

案例 1

向高为 H 的水瓶中注水,注满为止,如果注水量 V 与水深 h 的函数关系如图 $5-3-1$ 所示,那么水瓶的形状是(　　).

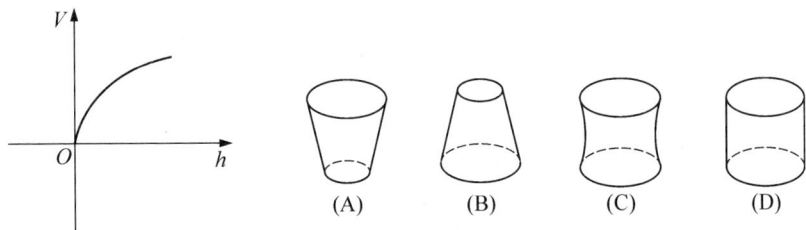

图 $5-3-1$

此题为 1998 年全国卷高考题.我们从整体上观察注水量 V 与水深 h 的变化趋势.如图 $5-3-2$,把 h 轴上 OH 线段 n 等分,从 $O \to H$,显然注水时,在容器中增加的高度相同,但是体积的增加越来越小,所以应选 B.

此题也可用特殊化策略求解.选取 OH 的中点,从图中不难看出,当水深达到一半时,体积已超过了一半,

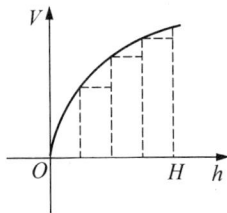

图 $5-3-2$

因此选 B.

案例 2

过抛物线 $y = ax^2 (a > 0)$ 的焦点 F 作一直线交抛物线于 P、Q 两点,若线段 PF 与 QF 的长分别是 p、q,则 $\dfrac{1}{p} + \dfrac{1}{q}$ 等于(　　).

(A) $2a$　　　　(B) $\dfrac{1}{2a}$　　　　(C) $4a$　　　　(D) $\dfrac{4}{a}$

此题为 2000 年全国卷高考题. 借力简缩思维,把 $\dfrac{1}{p} + \dfrac{1}{q}$ 置于极限状态,将避开抽象复杂的运算,只须通过简单的口算即可,降低了解题的难度,从而实现快速解题.

如图 5-3-3 所示,将直线 PQ 绕点 F 顺时针方向旋转到与 y 轴重合,此时 Q 与 O 重合,点 P 运动到无穷远处,虽不能再称它为抛物线的弦了,但它是弦的一种极限情形. 因为 $QF = q = OF = \dfrac{1}{4a}$,而 $PF = p \to \infty$,所以 $\dfrac{1}{p} + \dfrac{1}{q} \to$ 4a,故选 C.

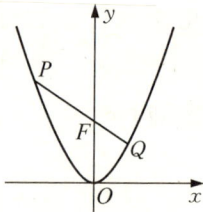

图 5-3-3

把问题退到极端情形,往往会激发出思维的火花,触发有益的信息,使问题的解答思路豁然开朗."退"不是目的,而是"手段"."退"是为取得"进"的契机,触发直觉的暴发,找到解决问题的关键.

二、提炼概括方法,厚实直觉基础

直觉思维的主要表现,是思维者在感知问题的基础上,凭借过去的经验以及对有关知识本质的认识和创造性的想象,把数学知识所揭示的本质规律提炼概括到方法的高度,既有助于对数学知识和方法的真正理解和掌握,又为直觉的产生打下牢固的基础.

案例 3

设过抛物线 $y^2 = 2px(p>0)$ 上两点 $P(x_1, y_1)$、$Q(x_2, y_2)$ 的两条切线交于点 M，求证：P、M、Q 三点的横坐标成等比数列，纵坐标成等差数列.

若设点 M 的坐标为 (x_0, y_0)，则切点弦 PQ 的方程为 $y_0y = p(x+x_0)$. 依题意，须证 $x_1x_2 = x_0^2$，$y_1 + y_2 = 2y_0$. 这一形式立即使我们意识到，只要将抛物线方程和切点弦方程联立成方程组，消去 y 或 x，分别得到关于 x 或 y 的一元二次方程，应用韦达定理考察其常数项或一次项系数即可.

三、树立基本量观，形成直觉意识

数学问题中，有些量可以作为基本的独立取值的量，而其他量则是这些量的函数. 如三角形有三个基本量（其中一个必须是长度），由此可确定三角形，其他量都可用这三个量来表达. 基本量的个数称为自由度. 解题中基于对问题基本量或自由度的分析，往往能对解题的方向产生一种直觉意识.

案例 4

已知 $\alpha, \beta \in \left(0, \dfrac{\pi}{2}\right)$，且 $\dfrac{1}{\tan \alpha} + \dfrac{1}{\tan \beta} - \dfrac{1}{\tan(\alpha+\beta)} = \sqrt{3}$，求 α、β 的值.

本题条件是一个含有两个未知数的方程，其自由度为 1，一般不能确定 α、β 的值，但题目又要求出它们的值，于是一种直觉便进入我们的意识：已知方程一定能够化成一种特殊模式，诸如 $(\quad)^2 + (\quad)^2 = 0$，或化成一个关于 $\tan \alpha(\tan \beta)$ 的一元二次方程，而其判别式 $\Delta = -(\quad)^2$.

事实上，将已知方程化为 $\dfrac{1}{\tan^2 \alpha} + \left(\dfrac{1}{\tan \beta} - \sqrt{3}\right)\dfrac{1}{\tan \alpha} + \left(\dfrac{1}{\tan^2 \beta} - \dfrac{\sqrt{3}}{\tan \beta} + 1\right) = 0$，关于 $\dfrac{1}{\tan \alpha}$ 的一元二次方程的判别式 $\Delta = -\left(\dfrac{\sqrt{3}}{\tan \beta} - 1\right)^2$. 因 $\Delta \geqslant 0$，可知 $\Delta = 0$. 由此可求得 $\beta = \dfrac{\pi}{3}$，进而可得 $\alpha = \dfrac{\pi}{3}$.

如果我们养成在解题伊始或解题过程中进行直觉考虑或预测的习惯,这往往可以避免解题的盲目性.如能事先运用基本量的观点对问题的自由度作出分析,则不仅有助于迅速找到解题目标,而且对于提高解题的预见性、增强解题的自信心都十分有益.

四、加强整体思维,提高直觉判断

由直觉思维整体性的基本特征,我们知道直觉思维是认识过程中由表及里、去粗取精的理性认识过程,而非停留在事物的表面上或局部上的感性认识.因此我们要培养创新潜质生对认识对象的整体上的把握能力即培养其整体思维意识,以期通过提高直觉判断的能力,进而从总体上提高创新潜质生的数学直觉思维能力.

案例 5

已知三棱锥的三个侧面两两互相垂直,它们的侧面积分别是 6、4、3 平方米,求此三棱锥的体积.

如图 5 - 3 - 4 所示,设三棱锥 S - ABC 的三条侧棱 SA、SB、SC 分别为 x、y、z 米,由题设不难推出三条侧棱也两两互相垂直,所以,三个侧面的面积分别为 $\frac{1}{2}xy$、$\frac{1}{2}yz$、$\frac{1}{2}zx$ 平方米.依题意可得三个方程 $\frac{1}{2}xy = 6$,$\frac{1}{2}yz = 4$,$\frac{1}{2}zx = 3$.

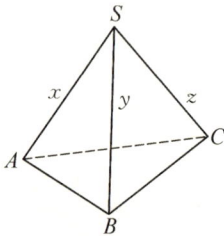

图 5 - 3 - 4

一般的常规思维是立刻由方程组解出 x、y、z.而此时我们应当培养创新潜质生的整体思维能力,抛弃题目中的细枝末节,而直觉到解决此题的关键是只需确定 xyz 即可.因而我们把上面三个式子相乘得 $x^2y^2z^2 = 24^2$,即 $xyz = 24$,所以 $V_{S\text{-}ABC} = V_{C\text{-}SAB} = \frac{1}{3} \times \frac{1}{2}xyz = 4$.这里我们无需分别求出未知数 x、y、z 的值,而是视 xyz 为一个整体,这是由整体思维意识促成直觉判断的结果.

案例6

....

已知 A、B 两人均以 1 米/秒的速度相向而行,一条狗以 2 米/秒的速度从 A 的身边跑向 B,遇到 B 后立即转身跑向 A,如此往复.设开始时两人相距 100 米,问 A、B 两人相遇时狗共跑了多少米?

若从局部出发考虑此题,则分别求出狗从 A 到 B,再从 B 到 A,再从 A 到 B……的路程,然后计算各段路程的和,繁杂至极.某教师在教学中让学生从整体上去考虑,意识到狗跑的时间总体上就是 A、B 两人相遇所用的时间,立刻可以算出 A、B 两人相遇时狗共跑了 $2 \times [100 \div (1+1)] = 100$ 米.

该教师让学生再分析此题,请学生考虑 A、B 两人共走的 100 米与狗跑的 100 米两个同样的数字间是否有一种巧合?在教师创设的问题情境中学生的思维就处于兴奋状态,此时一位学生立刻回答:"老师,这不是一个巧合."教师再问:"为什么?"学生说:"在同样的时间里,A、B 两人所走的路程总是等于狗跑的路程."教师再追问:"为什么?"学生想了想说:"因为 $2=1+1$,也就是说狗跑的速度是 A、B 两人速度之和,而时间上是一样的."这不正是从整体上、本质上把握问题,进而产生直觉思维的体验过程吗?!而当学生在教师创设的问题情境中自己努力回答上述问题,并最终得到一个较为满意的答案时,其思维的活跃性、创造性为直觉思维的培养提供了极好的思维状态.

通过对上述两个实例的分析,使我们认识到:培养创新潜质生的整体思维意识以提高直觉判断能力,就是忽略认识对象的非本质的属性,从而直接触及其实质,以期对认识的对象有一个迅速的、直接的、总体的把握,属于一个直觉认识的过程.因而加强整体思维意识是培养创新潜质生数学直觉思维能力的有效模式之一.

五、注重中介思维,提高直觉想象

所谓中介思维即指既有逻辑成分,又有非逻辑成分的思维形式.中介思维形式的存在为实现逻辑上升到直觉这一认识上的质变奠定了量变的基础.因此中介思维的训练是创新潜质生数学直觉思维能力的培养过程中不可缺少的重要内容.在此我们重点探讨中介思维的主要形式——类比、联想能力的培养,以期通过提高创新潜质生直觉想象能力,进而达到发展其数学直觉思维的目的.

(一) 通过类比,迅速建构数学模型,启发直觉

所谓类比,就是根据两个(或两类)对象之间某些方面的相似或相同,从而推断出它们在其他方面的相似或相同的一种逻辑推理方法.

数学模型方法是类比在数学中得到广泛应用的又一种形式.这是通过建立和研究客观对象的数学模型来揭示对象本质特征和变化规律的一种方法,其建构过程如图 5-3-5 所示.

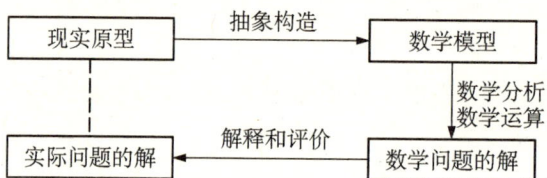

图 5-3-5

通过类比,迅速建构数学模型,将大脑中贮存的知识信息进行加工,形成思维组块,从而启迪思维,促使直觉产生.

案例 7

甲、乙两队各出 7 名队员,按事先排好的顺序出场参加围棋擂台赛,双方先由 1 号队员比赛,负者被淘汰,胜者再与负方 2 号队员比赛……直到一方队员全部被淘汰,另一方获得胜利,形成一种比赛过程.那么所有可能出现的比赛过程的种数有多少?

这是一道全国高中数学联赛试题.如果我们的思考滞留在棋赛的各种胜负情况的考察上,那么思路就无法展开.如果能通过类比,迅速直觉到一个数学模型:甲方获胜,则必胜 7 场,用 7 个"+"号表示.该方最多只能负 6 场,用 6 个"-"号表示.从而转化为一个排列组合中的一排 13 个空格内画上 7 个"+"号

的画法有多少种的问题了,继而得到甲方取胜有 C_{13}^7 种可能出现的比赛过程;同时乙方取胜也有 C_{13}^7 种可能出现的比赛过程.因而此题的答案即为:可能出现的比赛过程有 $2C_{13}^7$ 种.这种直觉的构想表现在根据题设条件特点通过类比进而构造数学模型的飞跃上.

(二) 运用联想,促进思维迅速迁移,启发直觉

联想是由一个事物想到与其相关联的另一个事物的思维过程,是一种由此及彼的思维方法.联想的关键在于认识事物间的联系,联想比类比具有更多的直觉成分.

那么如何通过培养联想能力,促进思维迁移,进而启发直觉以达到培养创新潜质生数学直觉思维能力之目的呢? 我们仅举案例 8 来加以说明.

案例 8

已知 x, y, $z \in \mathbf{R}_+$, 求证: $\sqrt{x^2+xy+y^2} + \sqrt{y^2+yz+z^2} > \sqrt{z^2+zx+x^2}$.

此题的常规方法是运用代数运算进行证明,过程机械繁复.如果我们启发学生抓住上述不等式的特点,联想到三角形两边之和大于第三边,进而构造以 $\sqrt{x^2+xy+y^2}$、$\sqrt{y^2+yz+z^2}$、$\sqrt{z^2+zx+x^2}$ 为三边的三角形(如图 5-3-6),那么就找到了新的思路.从三式中 x 与 y、y 与 z、z 与 x 的对称性,其中

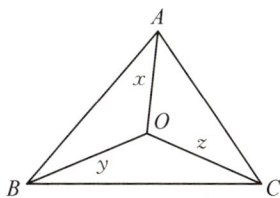

图 5-3-6

x、y、z 又均用两次,易联想到过平面上一点 O,作 $OA = x$, $OB = y$, $OC = z$,且由对称性想到 OA、OB、OC 三等分一个周角,即 $\angle AOB = \angle BOC = \angle COA = 120°$,进而有 $\triangle ABC$ 的三边 $AB = \sqrt{x^2+xy+y^2}$, $BC = \sqrt{y^2+yz+z^2}$, $CA = \sqrt{z^2+zx+x^2}$.

由 $\triangle ABC$ 中,$AB + BC > CA$,即得结论成立.

上述证明过程是由所要证的不等式关系联想到几何中的三角形两边之和大

于第三边；由 a^2+ab+b^2 联想到以 a、b 为边，其夹角为 $120°$ 所作三角形的第三边的平方，进而形成直觉思维进行图形构造，最终简洁、迅速地完成此题的证明.

由上述分析过程可以看出：通过联想，对问题有一个直觉把握，从而促进思维迁移，进而利用"关系—映射—反演"方法形成简洁的直觉思维的结果是此题迅速得证的关键. 我们将此过程图示如下（图 5-3-7）：

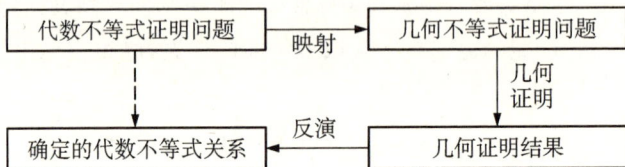

图 5-3-7

特别地，其间的映射是运用联想直觉地得到的，这也是在此题中"关系—映射—反演"方法得以发挥作用的关键之所在.

六、注意猜想训练，提高直觉推理

所谓猜想既是直觉思维的结果，又是直觉思维的方式. 因此猜想能力的训练既是培养创新潜质生的直觉推理能力，也是培养其数学直觉思维能力的直接、有效的方法. 在此我们介绍探索性演绎法，作为直觉的探索方法，它又被称为合情推理，这是建立在猜想基础上的推理.

我们将探索性演绎法的一种重要模式图示如下（图 5-3-8）：

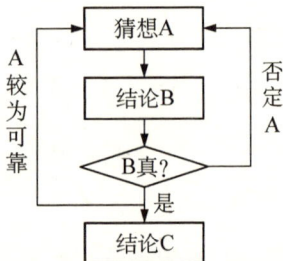

图 5-3-8

正如在逻辑思维过程中存在着中途点,在探索过程中也同样存在着中途点,这时的中途点是对解题过程的一种估计,我们称之为合情中途点. 在探索性演绎法中,合情中途点起到了分解问题、调控思维过程、为思维定向的作用.

因此,我们应当培养创新潜质生的猜想能力,帮助他们设置合情中途点,进而顺利完成合情推理的过程,以期达到培养其直觉思维能力的目的. 下面通过案例 9 来加以说明.

案例 9

如图 5-3-9,已知 AB 为半圆 O 的直径,C 为半圆上的一点,$CD \perp AB$,圆 O_1 切半圆于 Q,切 CD 于 P,切 AB 于 R. 求证:$BC = BR$.

通过作图观察发现 Q、P、B 可能共线,于是提出 Q、P、B 共线为中途点的猜想.

这样问题被分解为两个子问题:

问题 1 由问题中的题设出发 $\Rightarrow Q$、P、B 共线;

问题 2 由 Q、P、B 共线 $\Rightarrow BC = BR$.

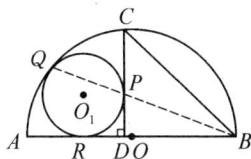

图 5-3-9

我们先来解决问题 2,由于前提 Q、P、B 共线是猜想,因而命题 2 是否正确还有待于作出进一步的判断,所以下面的探索过程都是使用探索性演绎法.

若 Q、P、B 共线,则有 $BR^2 = BP \cdot BQ$,只须证 $BC^2 = BP \cdot BQ$.

事实上,若 Q、P、B 共线,则由 $\angle CBP = \angle QBC$,$\angle CQB = \angle CAB = \angle DCB$,知 $\triangle BCP \backsim \triangle BQC$,所以 $BC^2 = BP \cdot BQ$. 因而问题 2 成立.

问题 2 的解决,并没有肯定猜想 Q、P、B 共线,但是根据合情推理的模式,可以认为猜想很可能对. 在此假设下,我们再解决问题 1.

这时猜想 M 成为假想的"果". 它的存在使得用分析法进行探索成为可能. 由于 M 的正确性尚待证明,因此这又是一轮探索性演绎.

为了利用已知条件,连结 QO(必过 O_1)、O_1P,有 $O_1P /\!/ OB$,$\angle QO_1P = \angle QOB$,又由 $QO_1 = O_1P$,$QO = OB$,所以 $\angle O_1QP = \angle OQB$,因此 Q、P、B 共线.

通过上述的分析使我们看到：中途点 M 并非逻辑思维的产物，而是一种直觉的猜想，它也可以是前一轮合情推理的结果. 那么教给创新潜质生利用发现合情中途点进行探索性演绎法的证明，本质上就是在教给其直觉推理的方法，是使创新潜质生的思维由逻辑上升到直觉的非常行之有效的方法.

七、运用辩证思维，促成直觉启发

创新潜质生思维能力的培养，要在思维活动的过程中进行. 由于直觉思维与逻辑思维之间的区别就在于直觉思维中存在着跳跃和简约，所以为了培养创新潜质生的直觉思维能力，我们就要充分暴露数学直觉思维的形成过程并对其加以理性分析. 因此在数学教学过程中运用辩证的思维方式，对直觉思维和逻辑思维的思维过程进行理性分析，从而把握思维进程中形成质变的关节点，以促成直觉启发，这是培养创新潜质生数学直觉思维能力的重要模式.

(一) 对直觉思维过程进行逻辑模拟

因为直觉可以看成是逻辑的飞跃，因此对直觉的逻辑模拟可以看成是对被直觉所简约、跨越了的逻辑过程的复原和再现.

对直觉思维的逻辑模拟，通常是利用中介思维方式如类比、联想等来实现的(可见中介思维能力的培养是创新潜质生数学直觉思维能力的培养中不可缺少的一部分). 下面我们来看一个案例.

案例 10

当 $\triangle ABC$ 的周长为定值时，何时其面积取得最大值？

此时不少学生猜测在周长为定值的三角形中，以等边三角形的面积最大，这是一个直觉猜测的结果. 学生一般对这个结果的由来搞不清楚，只是由等边三角形是最特殊的三角形使他们产生了这种猜想. 下面我们就对这个直觉思维的过程进行逻辑模拟.

1. 特殊化. 不妨假定 $\triangle ABC$ 中一边 AB 为定值，这时两边之和为定长. 在这种情况下,寻求使△ABC的面积最大时顶点C的位置(如图 $5-3-10$).

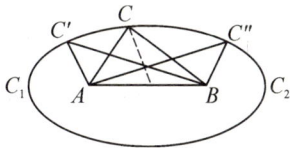

图 $5-3-10$

2. 再特殊化.在上述条件下,顶点C可以在椭圆上滑动(C_1、C_2 除外).当C无限接近C_1或C_2时,△ABC的面积→0.

3. 一般化.当点C在椭圆上离开C_1(或C_2)滑动时,△ABC的面积逐渐增大.

4. 想象.可以想象,当点C'与点C''逐渐靠近而重合时,△ABC的面积可能取得最大值.这时$AC=BC$.

5. 一般化.由上面的想象出发,容易想象到△ABC为等边三角形时其面积最大.

由上述分析我们就得到了学生由直觉得到的猜想.上面的过程是对直觉思维过程的一种逻辑模拟.这种模拟对于培养创新潜质生的直觉思维能力是卓有成效的.

我们将教材中的结论看成直觉的猜想,然后去设计导致猜想产生的过程,即对直觉进行逻辑模拟,构成了发现法教学的关键环节,也是充分暴露数学思维过程的重要方法.它给我们的启发是在数学教学过程中,设置开放性问题,利用"延迟判断"给学生以直觉思维的时间和空间,即成为培养创新潜质生数学直觉思维能力的一个有效模式.

(二) 对逻辑思维过程进行思维浓缩

所谓对逻辑思维的思维浓缩是指发现并把握住逻辑思维过程中的关键步骤,进而从中提炼出推动整个思维过程正确展开的思想、方法、观念的过程.

对逻辑思维进行思维浓缩的结果,我们不妨称之为"浓缩点",它正是我们运用直觉思维来解决同一个问题的思维进程由逻辑转化为直觉的"关节点",引导创新潜质生把握住这个"浓缩点"对于他们在认识过程中实现从量变到质变的飞跃,即对创新潜质生直觉思维的形成及其能力的提高是至关重要的.

案例 11

证明两角和的余弦公式 $\cos(\alpha+\beta)=\cos\alpha\cos\beta-\sin\alpha\sin\beta$.

此题为 2010 年四川卷高考题. 如图 5-3-11 所示, 在平面直角坐标系内作单位圆 O, 并作角 α、β 和 $-\beta$, 使角 α 的始边为 Ox, 交圆 O 于 P_1, 终边交圆 O 于 P_2; 角 β 的始边为 OP_2, 终边交圆 O 于 P_3; 角 $-\beta$ 的始边为 OP_1, 终边交圆 O 于 P_4. 这时 $P_1(1,0)$, $P_2(\cos\alpha,\sin\alpha)$, $P_3(\cos(\alpha+\beta),\sin(\alpha+\beta))$, $P_4(\cos(-\beta),\sin(-\beta))$.

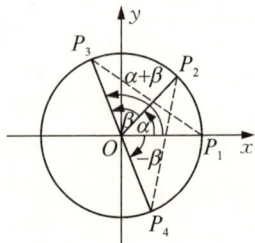

图 5-3-11

由 $|P_1P_3|=|P_2P_4|$ 及两点间的距离公式, 得

$$[\cos(\alpha+\beta)-1]^2+\sin^2(\alpha+\beta)$$
$$=[\cos(-\beta)-\cos\alpha]^2+[\sin(-\beta)-\sin\alpha]^2.$$

将其展开、整理得

$$2-2\cos(\alpha+\beta)=2-2(\cos\alpha\cos\beta-\sin\alpha\sin\beta),$$

所以 $\cos(\alpha+\beta)=\cos\alpha\cos\beta-\sin\alpha\sin\beta$.

上面证明的关键步骤在于作出 $-\beta$, 从而得到 $|P_1P_3|=|P_2P_4|$. 这样, 由同一个量 $|P_1P_3|$ 的两种不同的表示方法, 就架起了沟通 α、β 与 $\alpha+\beta$ 的三角函数间的桥梁. 而其内在的本质不正是不变量原理的应用吗?

在上面的证明中, 桥梁是通过把 $\triangle P_1OP_3$ 沿顺时针方向旋转 β 角来构造的. 运用不变量原理即为对上述逻辑证明的思维浓缩, 在此基础上, 亦可以产生广泛的迁移.

我们在数学教学过程中大量地运用逻辑思维进行演绎证明的同时, 应当注意此时不要把创新潜质生的思维活动局限在对证明过程本身的认识上, 要抓住时机帮助他们形成对逻辑思维的思维浓缩意识, 使其对知识的认识由表及里、由浅入深, 不断深化, 进而把握 "浓缩点", 让他们实现由逻辑转化为直觉的飞跃.

上述对创新潜质生直觉思维的逻辑分析和对其逻辑思维的思维浓缩是一个辩证思维过程中的两个方面. 这种培养创新潜质生数学直觉思维的模式的优势就在于使他们能够真正地认识、体会、实践那种抽象的、简约的, 甚至有时被神秘化了的直觉思维进程, 从而让他们对直觉思维能力的提高充满信心. 这也正是我们在创新潜质生直觉思维的培养过程中所需要的他们的心理状态. 更重要的是这一培养模式能够使创新潜质生对直觉思维过程有一个较为理性的认识, 对逻辑思维过程有一个本质的直觉了解, 通过把握"关节点", 促成直觉启发, 实现认识过程中由逻辑转化为直觉的飞跃.

八、渗透数形结合, 建立直觉观念

所谓直觉观念即指数学直觉思维中的直观模型和空间图形, 它在数学思维活动中的主要表现形式是心智图象. 它在直觉思维中的作用类似于概念在逻辑思维中的作用. 在直觉思维过程中, 人脑主观印象中的状态即为心智图象的状态. 因而, 我们可以说直觉观念的建立是培养创新潜质生数学直觉思维能力的前提和基础.

美国心理学家布鲁纳曾指出:"在我们向学生揭示演绎和证明这种更传统和更正式的方法以前, 使其对材料有直觉的理解可能是头等重要的."因此在数学教学过程中渗透数形结合的思想, 帮助创新潜质生建立直觉观念即构造心智图象, 促使他们的直觉暴发是我们培养其数学直觉思维能力的基本模式之一.

案例 12

如图 5-3-12, 一个直径为 1 的小圆沿着直径为 2 的大圆内壁逆时针滚动, M 和 N 是小圆的一条固定直径的两个端点. 那么, 当小圆这样滚过大圆内壁的一周时, 点 M、N 在大圆内所绘出的图形大致是(　　　　).

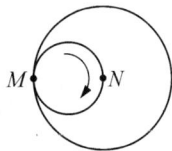

图 5-3-12

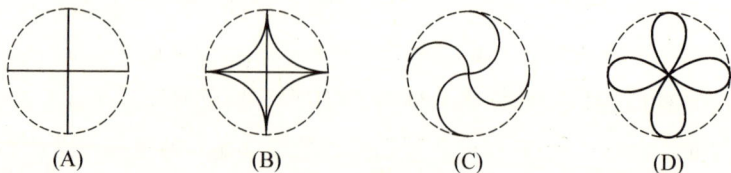

此题为 2011 年江西卷高考题. 设小圆在初始位置时（如图 5-3-13），点 M、N 分别在图中 M_0、N_0 处. 由题意可知，小圆总与大圆相内切，且小圆总经过大圆的圆心. 当小圆滚动至如图位置时，设 N_0M_0 与小圆的交点为 M'，则 $\alpha = 2\beta$，$\overset{\frown}{M_0P}$ 的长度为 $\beta \times 1 = \beta$，$\overset{\frown}{M'P}$ 的长度为 $\alpha \times \dfrac{1}{2} = \dfrac{\alpha}{2} = \beta$，所以两弧长度相等，$M'$ 就是此时动点 M

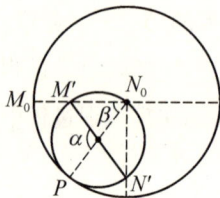

图 5-3-13

的位置，由此可知，点 M 的轨迹为大圆的直径 M_0N_0.

由于 $M'N'$ 为小圆的直径，所以 $\angle M'N_0N' = 90°$，所以点 N 的轨迹与点 M 的轨迹相互垂直，故选 A.

对本题我们既要借助于"形"的直观，同时又离不开"数"的刻划，数形互助，在解题中串联、结合使用，把许多数学语言信息加以概括，同时把正在研究的问题从几何上视觉化，实现对问题本质的认识和直觉的把握.

案例 13

试证明任何 6 个人的集会中，总有 3 人彼此相识，或者彼此不相识.

本题是 6 人集会问题. 我们运用数形结合的思想将题目中的任何 6 个人设想为平面上的 6 个点，其间的相识关系我们可以将其想象为点与点间的连线（如图 5-3-14），从而由心智图象构造如下数学模型：我们将此 6 点分别记为 1、2、3、4、5、6. 任意两人若相识则以实线连之；若不相识则用虚线相连. 为了讨论方便，我们不妨设平面上 6 个点无 3 点共线，则所连接的实、虚线共计 $C_6^2 = 15$ 条，此时我们将原题中的 6 人间的相识关系问题转化为：证明在上述 15 条线段中，必存在某三条实线段或某三条虚线段构成的一个三角形. 下面不妨让我们从点 1 出发进行考察，易知点 1 与其他 5 个点的连线只有六种可能的情况：

"五实"、"四实一虚"、"三实二虚"、"二实三虚"、"一实四虚"、"五虚". 由于其中"五实"与"五虚"、"四实一虚"与"一实四虚"、"三实二虚"与"二实三虚"的情形是对称的,故我们只须对如图 5-3-14 所示的三种情况进行讨论.

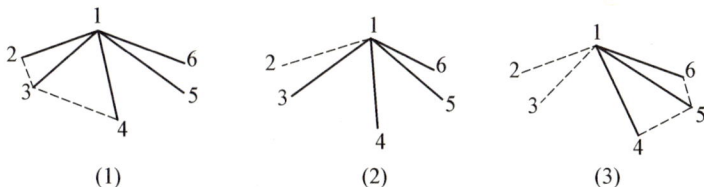

图 5-3-14

如在"五实"的情形中,如图 5-3-14(1)所示,在点 2 与 3、点 3 与 4 之间不妨画上虚线,否则即刻出现实三角形. 此时在点 2 和 4 之间无论出现实线还是虚线都将构成一个实三角形或一个虚三角形,从而结论成立.

对图 5-3-14(2)、(3)的情况同理可证. 至此我们完成了上述问题的证明.

这样,题目中比较复杂的逻辑推理问题,我们通过建构心智图象——一幅平面上的 6 点图形,从而使 6 个人之间的相识关系转化为 6 点间的连结关系,并以"空间并列的状态"呈现在我们面前,从而为进一步深入细致地分析可能出现的各种情况提供了直观形象.

综合上述两例的分析使我们看到:数形结合思想方法的运用会使直观与抽象、感知与思维巧妙结合,数形结合能唤起直觉思维的灵感. 由此启示我们在数学教学中,重视从教学设计、教学方法、教学手段等方面渗透,帮助创新潜质生建构自己独特的心智图象系统,以深化他们的直觉观念,使他们达到见数思形、以形助数,数形适时转化、相互补充,数学思路开阔,释疑敏捷的境界,提高其数学直觉思维能力.

九、提高审美意识,促进直觉形成

数学美集中表现为数学本身的简单性、对称性、和谐性、奇异性等. 创新潜质生数学直觉思维与数学审美意识的关系即如法国数学家彭加勒所言:"数学发现的实质就是一种选择. 数学的发现就是要在数学事物的无穷无尽的组合之中,选择出有用的组合,抛弃无用的组合,从而取得有用的新成果. 而选择能力的基础是所谓的'数学直觉',而数学直觉本质上就是'美的意识'或美感. 就是说数学家特殊的审美感起着精巧的筛子作用,除了少数几个'和谐的'和'美丽的'组合之外,它筛掉了所有其他组合."我们应当充分肯定追求数学直觉和数学美的方法论意义,指导创新潜质生数学学习的目的之一就是应该让他们获得对于数学美的鉴赏能力,这不仅有利于激发他们对数学的爱好,也有助于其数学直觉思维能力的提高.

数学美能促进创新潜质生思维的发展,我们把数学审美意识促进创新潜质生数学直觉思维形成的过程示意如下(图 5-3-15):

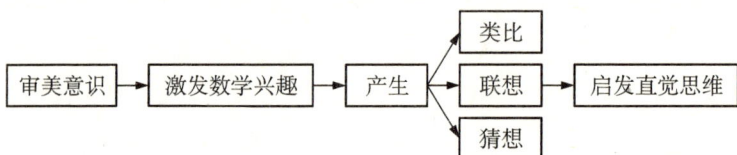

图 5-3-15

由此可见,美的意识力越强,发现和辨认隐蔽的和谐关系的直觉也就越强. 因此数学审美意识是创新潜质生数学直觉产生的重要条件,同时又是他们暴发数学灵感的"刺激素".

案例 14

如图 5-3-16,已知四边形 $ABCD$ 中,AC、BD 为其对角线,$\angle ABD=12°$,$\angle ACD=24°$,$\angle DBC=36°$,$\angle ACB=48°$. 求 $\angle ADB$ 的度数.

我们从已知的 $12°$、$24°$、$36°$、$48°$ 看出它们都是 $12°$ 的倍数,且构成了一个等差数列,那么,等差数列的下一项应为 $60°$. 这个角度在题目中没有出现,由正三角形的完美性启发我们考虑是否可构造一个等边三角

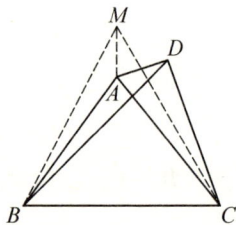

图 5-3-16

形. 由分析可知 $\angle ABC = \angle ACB = 48°$，$\angle BCD = \angle BDC = 72°$，因而有 $AB = AC$，$BC = BD$，由图中自身的对称性，启发我们大胆地在 $\triangle ABC$ 的边 BC 同侧作等边三角形 MBC（这是由审美意识促成直觉思维形成的过程）.

由 $AB = AC$，$BD = BC = CM$，$\angle ABD = \angle ACM = 12°$，因而可知，$\triangle ABD \cong \triangle ACM$（本质上 $\triangle ACM$ 为 $\triangle ABD$ 绕点 A 逆时针旋转 $84°$ 所得的图形）. 所以 $\angle ADB = \angle AMC$. 由 $\triangle MBC$ 和 $\triangle ABC$ 完美的对称性，特别是 $\angle BMC = 60°$，立即可知，$\angle AMC = \angle AMB = 30°$，故所求 $\angle ADB$ 等于 $30°$.

从上述分析可知，此题求解的关键在于启发学生的审美意识，运用审美直觉构造优美的等边三角形，使得题中的隐含条件 $AB = AC$ 和 $BC = BD$ 显化在 $\triangle ABD$、$\triangle ACM$、$\triangle ABM$ 的全等关系中，进而使问题得解.

创新潜质生数学直觉思维能力的培养是目前数学教学中经常被忽视但又非常重要的实践内容. 它与创新潜质生逻辑思维能力的培养在数学教育中有着同样的甚至更重要的地位和作用.

第六章

···

拔尖创新潜质生应具备的解题素养

第一节　观察、联想、发散

观察是认识事物最基本的途径,它是了解问题、发现问题和解决问题的前提.

数学题,都包含一定的数学条件和关系.要想解决它,就必须依据题目的具体特征,对题目进行深入的、细致的、透彻的观察,抓住题目的本质,快速确定解题思路,拟定解题方法.

观察问题的结构特征、数量特征、个性特征、局部特征,再从中比较、归纳,联想解决问题的一般规律是学会解决复杂问题的一种创新思维方式.

例 1　已知 $3x^2+2y^2=6x$,试求 x^2+y^2 的最大值.

分析　要求 x^2+y^2 的最大值,由已知条件很快将 x^2+y^2 变为二次函数 $f(x)=-\dfrac{1}{2}(x-3)^2+\dfrac{9}{2}$,注意到隐含条件 $y^2\geqslant 0$.

解　由 $3x^2+2y^2=6x$,得

$$y^2=-\frac{3}{2}x^2+3x.$$

∵ $y^2\geqslant 0$,

∴ $-\dfrac{3}{2}x^2+3x\geqslant 0$,

∴ $0\leqslant x\leqslant 2.$

又 $x^2 + y^2 = x^2 - \dfrac{3}{2}x^2 + 3x = -\dfrac{1}{2}(x-3)^2 + \dfrac{9}{2}$,

∴ 当 $x = 2$ 时,$x^2 + y^2$ 有最大值,最大值为 $-\dfrac{1}{2}(2-3)^2 + \dfrac{9}{2} = 4$.

点评 若忽略了 $y^2 \geqslant 0$ 这一条件,x 的范围就是全体实数,从而会错误地得出:当 $x = 3$ 时,$x^2 + y^2$ 有最大值,最大值为 $\dfrac{9}{2}$. 可见观察何等重要!

例 2 已知:$0 < x < 1$,$a, b \in \mathbf{R}_+$,试求 $y = \dfrac{a^2}{x} + \dfrac{b^2}{1-x}$ 的最小值.

分析 观察到 $x + (1-x) = 1$,联想到两数和有最小值时,其积为定值,因此,将 $\dfrac{a^2}{x} + \dfrac{b^2}{1-x}$ 直接用均值不等式.

$$y = 1 \times \left(\dfrac{a^2}{x} + \dfrac{b^2}{1-x}\right) = [x + (1-x)]\left(\dfrac{a^2}{x} + \dfrac{b^2}{1-x}\right) = a^2 + b^2 + a^2 \times \dfrac{1-x}{x} +$$

$$b^2 \times \dfrac{x}{1-x} \geqslant a^2 + b^2 + 2\sqrt{a^2 b^2}. \text{（化隐为显）}$$

例 3 已知 $0 < x, y, z < 1$,且 $x + y + z = 2$,求证:$xy + yz + zx \leqslant \dfrac{4}{3}$.

分析 观察结论中的 4 恰好是已知条件 $x + y + z = 2$ 中 2 的平方,且 $xy + yz + zx$ 与 $(x+y+z)^2$ 有关联,从而可得证明思路.

证明 $4 = (x+y+z)^2 = x^2 + y^2 + z^2 + 2xy + 2yz + 2zx$.

$$\therefore xy + yz + zx - \dfrac{4}{3} = xy + yz + zx - \dfrac{x^2 + y^2 + z^2 + 2xy + 2yz + 2zx}{3} =$$

$$-\dfrac{x^2 + y^2 + z^2 - xy - yz - zx}{3} = -\dfrac{1}{6}\left[(x-y)^2 + (y-z)^2 + (z-x)^2\right] \leqslant 0,$$

$$\therefore xy + yz + zx \leqslant \dfrac{4}{3}.$$

联想是问题转化的桥梁. 解题方法是否简洁、解题速度是否快速,取决于能否由观察到的特征,灵活运用有关知识,做出相应的联想,找到求解问题的切入点,不断深入.

联想可分为接近联想、类似联想、逆向联想、一般性联想、个性联想.

例 4 已知 M 是 $\triangle ABC$ 内的一点(不含边界),且 $\overrightarrow{AB} \cdot \overrightarrow{AC} = 2\sqrt{3}$,$\angle BAC =$

$30°$,若 $\triangle MBA$、$\triangle MBC$ 和 $\triangle MAB$ 的面积分别为 x、y、z,记 $f(x, y, z) = \dfrac{1}{x} + \dfrac{4}{y} + \dfrac{9}{z}$,则 $f(x, y, z)$ 的最小值是_____.

分析 联想到试题:若 $x + y = 1$,则 $\dfrac{1}{x} + \dfrac{1}{y}$ 的最小值为_____,本题应该用均值不等式求解,所以应先求 $x + y + z$ 的值.

例5 已知 a、b、c 均为正实数,满足关系式 $a^2 + b^2 = c^2$,又 n 为不小于 3 的自然数,求证:$a^n + b^n < c^n$.

分析 由条件 $a^2 + b^2 = c^2$ 联想直角三角形,又联想到三角函数的定义,从而找到证明方法.

证明 设 a、b、c 所对的角分别为 A、B、C,则 C 是直角,A 为锐角,于是

$$\sin A = \frac{a}{c}, \ \cos A = \frac{b}{c}, \text{且 } 0 < \sin A < 1, \ 0 < \cos A < 1.$$

当 $n \geq 3$ 时,有 $\sin^n A < \sin^2 A$, $\cos^n A < \cos^2 A$.

于是有 $\sin^n A + \cos^n A < \sin^2 A + \cos^2 A = 1$,

即 $\left(\dfrac{a}{c}\right)^n + \left(\dfrac{b}{c}\right)^n < 1$,

所以 $a^n + b^n < c^n$.

点评 由于这是一个关于自然数 n 的命题,若用数学归纳法来证明,难以数形结合,不能很好地将题中的数字或式子特征与直观图形联系起来.

例6 设 $0 < x < 1$,$a > 0$ 且 $a \neq 1$,试比较 $|\log_a(1-x)|$ 与 $|\log_a(1+x)|$ 的大小.

分析 因为 $0 < x < 1$,观察可知 $0 < 1-x < 1$, $0 < 1-x^2 < 1$, $1 + x > 1$.

联想到:若 $a + b = c$, $ab < 0$, $ac > 0$,则 $|a| > |b|$,从而可以找到解题方法.

解 $\because 0 < x < 1$,

$\therefore 0 < 1-x < 1$, $0 < 1-x^2 < 1$, $1 + x > 1$,

$\therefore \log_a(1-x)$ 与 $\log_a(1-x^2)$ 同号,与 $\log_a(1+x)$ 异号.

又 $\because \log_a(1-x)+\log_a(1+x)=\log_a(1-x^2)$,

$\therefore \mid \log_a(1-x)\mid>\mid\log_a(1+x)\mid$.

例7 若 $x\in\mathbf{R}$,且 $x\neq0$,$x\neq1$,x 满足 $M(x)+M\left(\dfrac{x-1}{x}\right)=x-1$,求 $M(x)$ 的表达式.

分析 这是一道函数方程题,观察发现 x 和 $\dfrac{x-1}{x}$ 是题中的两个基本量.

已知有 $M(x)+M\left(\dfrac{x-1}{x}\right)=x-1$, ①

用 $\dfrac{x-1}{x}$ 去替换①中的 x,得

$$M\left(\dfrac{x-1}{x}\right)+M\left(\dfrac{1}{1-x}\right)=\dfrac{x-1}{x}-1=-\dfrac{1}{x}. \quad ②$$

观察发现②中增加一个量 $\dfrac{1}{1-x}$,再用 $\dfrac{1}{1-x}$ 去替换①中的 x,得

$$M\left(\dfrac{1}{1-x}\right)+M(x)=\dfrac{1}{1-x}-1. \quad ③$$

再观察 $M\left(\dfrac{x-1}{x}\right)$ 和 $M\left(\dfrac{1}{1-x}\right)$ 相对 $M(x)$ 是多余的,消去就可以了.

联解①、②、③式,得 $M(x)=\dfrac{x^3-x^2+2x-1}{2x(x-1)}$.

发散思维又称为辐射思维、扩散思维、求异思维,是在思维过程中以某一问题为中心,沿着不同方向、不同角度向外扩散的一种思维方法.它从一个问题(信息)出发,充分发挥想象力,经不同的途径、方向,以新的视角去探索,重组眼前的和记忆中的信息,产生出多种设想、答案,使问题得到圆满解决.

发散思维是从同一来源材料中探求不同答案的思维过程,思维方向分散于不同方面,它表现为思维开阔、富于联想、善于分解整合、引伸变式,敢于创新.训练发散思维有利于学习的主动性、积极性、求异性、创新性.

例8 求到两定点 $O(0,0)$ 和 $A(4,0)$ 的距离之比为 $\dfrac{1}{3}$ 的动点 $M(x,y)$ 的轨迹方程.

易求得所求轨迹方程为 $\left(x+\dfrac{1}{2}\right)^2+y^2=\dfrac{9}{4}$.

这是一个宝藏,认真发掘,深入联想,发散开去,可以发现这是一组矿脉.

发散 1:将问题中的比值 $\dfrac{1}{2}$ 一般化为参数 $\lambda(\lambda>0)$,可发现当 $\lambda\in(0,1)$ 时轨迹为圆($\lambda=1$ 时轨迹为线段 OA 的中垂线);

发散 2:将问题中的比值 $\dfrac{1}{2}$ 一般化为参数 λ 或 $\dfrac{1}{\lambda}(\lambda\neq1)$,轨迹分别为圆,这两圆关于线段 OA 的中垂线对称;

发散 3:将发散 2 中的定点 O、A 一般化为 $P_1(x_1,y_1)$、$P_2(x_2,y_2)$,所得两圆关于线段 P_1P_2 的中垂线对称;

发散 4:在 $\triangle ABC$ 中,设 $B(x_1,y_1)$,$C(x_2,y_2)$,若 $|AB|=\lambda|AC|(\lambda\neq1)$,则顶点 A 的轨迹是一个圆;

发散 5:当 $\lambda\neq1$ 时,发散 4 中 $\triangle ABC$ 的重心的轨迹是一个圆.

第二节 类 比

一、从两个小故事谈起

(一) 鲁班发明锯

鲁班是春秋时期鲁国的工程大师.在一次大型修造中,需要大量木材,而当时只能靠斧头砍伐,人工需求很大.同时工程进展很快,木材供应跟不上.鲁班只能亲自察看伐木进展情况.上山的山路狭窄陡峭,鲁班借助着野草树藤向上攀援.突然,不知为何他左手被划破,鲜血流了出来.这时他看到丝茅草长长的叶子边缘呈齿状.难道就是这叶子?他再试了试,丝茅草的叶子果然又将他的手划破了.他便受此启发,发明了锯子.

(二) 女中学生获联合国"青年发明家"奖

1986 年 8 月,联合国知识产权组织把"青年发明家"奖颁发给广东韶关市一位女中学生,奖励她发明的"任意角等分仪".

　　这位女中学生阅读了世界 24 道难题,其中之一就是不能用尺规作图法将一个(平面)角三等分.她想能不能发明一个"可以把角任意等分的仪器"呢? 做了很多研究都不满意,一天,她看见了爷爷的折扇,每片扇叶不就都是顶角相同的等腰三角形吗? 她即刻受此启发,发明了等分任意角的仪器.

　　在这两个小故事中,主人公都是通过类比得到新的发现.类比是根据两个对象或两类事物的一些属性相同或相似,猜测另一些属性也可能相同或相似的思维方法.

　　我们常在数与式之间、平面与立体之间、一维与多维之间、低次与高次之间、等与不等之间、有限与无限之间进行各自的类比或猜想.

　　例 1　线段(一维)、三角形(二维)、四面体(三维)的类比.

对象	性质	零维元素	一维元素	二维元素	三维元素
线段	最简单的一维有界图形:线段落在直线上,线段是三角形的组成部分	2(点)	1 边		
三角形	最简单的多边形:三角形在平面上,三角形是四面体的组成部分	3(点)	3(边)	1(面)	
四面体	最简单的多面体:四面体在空间中	4(点)	6(棱)	4(面)	1(体)

　　例 2　直角三角形与三直三面角四面体的类比.

图形		
条件	$\triangle ABC$ 中,$\angle APB$ 为直角,$PH \perp AB$,H 为垂足,$S_{\triangle ABC} = \dfrac{1}{2} AB \cdot PH$	四面体 $P\text{-}ABC$ 中,P 为顶点,AP、BP、CP 两两垂直,H 为 P 在面 ABC 内的射影,$V_{P\text{-}ABC} = \dfrac{1}{3} S_{\triangle ABC} \cdot PH$

续 表

结论	$PA^2 = AP \cdot AB$；$PB^2 = BP \cdot BA$	$S_{\triangle PBC}{}^2 = S_{\triangle HBC} \cdot S_{\triangle ABC}$；$S_{\triangle PCB}{}^2 = S_{\triangle HCA} \cdot S_{\triangle BCA}$；$S_{\triangle PAB}{}^2 = S_{\triangle HAB} \cdot S_{\triangle CAB}$
	$\dfrac{1}{a^2} + \dfrac{1}{b^2} = \dfrac{1}{h^2}$	$\dfrac{1}{a^2} + \dfrac{1}{b^2} + \dfrac{1}{c^2} = \dfrac{1}{h^2}$
	$\cos A \cos B \leqslant \dfrac{1}{2}$	$\cos \alpha \cos \beta \cos \gamma \leqslant \dfrac{\sqrt{3}}{9}$
	$\cos^2 A + \cos^2 B = 1$	$\cos^2 \alpha + \cos^2 \beta + \cos^2 \gamma = 1$
	$PA^2 + PB^2 = AB^2$	$S_{\triangle PBC}^2 + S_{\triangle PCA}^2 + S_{\triangle PAB}^2 = S_{\triangle ABC}^2$
	若 $PA + PB + AB = m$，则当 $PA = PB$ 时，$(S_{\triangle PAB})_{\max} = \dfrac{1}{4}(\sqrt{2}-1)^2 m^2$	若 $PA + PB + PC + AB + AC + BA = m$ 时，$(V_{P\text{-}ABC})_{\max} = \dfrac{1}{162}(\sqrt{2}-1)^3 m^3$

引导学生尝试证明最后一列中的结论.

二、类比法解题训练

类比，就解题来说，有形式（即结构）上的类比，内容（条件、要求、结论）上的类比，解法上的类比.

例3 在 $\triangle ABC$ 中（如图 6-2-1），D 为 BC 边的中点，则 $\dfrac{\sin\angle CAD}{AB} = \dfrac{\sin\angle BAD}{AC} = \dfrac{\sin\angle BAC}{AD}$.

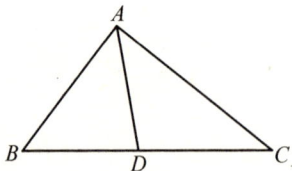

图 6-2-1

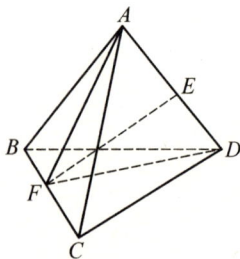

图 6-2-2

如图 6-2-2,类比在三棱锥 $A\text{-}BCD$ 中，E 为 AD 的中点，应有一个相似的结论.

探究　取 BC 边的中点 F,连结 AF、EF、DF,设二面角 A-BC-E 的大小为 α、二面角 E-BC-D 的大小为 β,则

$$V_{A\text{-}BCD} = \frac{1}{3}S_{\triangle AFD} \cdot BC = \frac{1}{6} \cdot AF \cdot DF \cdot BC \cdot \sin(\alpha + \beta)$$

$$= \frac{2 \cdot S_{\triangle ABC} \cdot S_{\triangle DBC} \cdot \sin(\alpha + \beta)}{3BC};$$

$$V_{A\text{-}BCE} = \frac{1}{3}S_{\triangle EFD} \cdot BC = \frac{1}{6} \cdot EF \cdot DF \cdot BC \cdot \sin\alpha$$

$$= \frac{2 \cdot S_{\triangle ABC} \cdot S_{\triangle EBC} \cdot \sin\alpha}{3BC};$$

$$V_{AE\text{-}BCD} = \frac{1}{3}S_{\triangle EFD} \cdot BC = \frac{1}{6} \cdot EF \cdot DF \cdot BC \cdot \sin\beta$$

$$= \frac{2 \cdot S_{\triangle EBC} \cdot S_{\triangle DBC} \cdot \sin\beta}{3BC}.$$

$\because V_{A\text{-}BCD} = V_{A\text{-}BCE} + V_{E\text{-}BCD}$,

$\therefore \dfrac{\sin\alpha}{S_{\triangle DBC}} + \dfrac{\sin\beta}{S_{\triangle ABC}} = \dfrac{\sin(\alpha + \beta)}{S_{\triangle EBC}}$.

例4　(1)已知抛物线 $y^2 = 2px(p > 0)$,过焦点 F 的动直线 l 交抛物线于 A、B 两点,O 为坐标原点,试问:$\overrightarrow{OA} \cdot \overrightarrow{OB}$ 的值是否是一个定值?若是,证明你的结论;若不是,请说明理由;

(2)由(1)可知:过抛物线的焦点 F 的动直线 l 交抛物线于 A、B 两点,存在定点 P,使得 $\overrightarrow{PA} \cdot \overrightarrow{PB}$ 为定值.请写出关于椭圆的类似结论,无需证明.

解　(1)若直线 l 垂直于 x 轴,则 $A\left(\dfrac{p}{2},\ p\right)$,$B\left(\dfrac{p}{2},\ -p\right)$.

$$\overrightarrow{OA} \cdot \overrightarrow{OB} = \left(\frac{p}{2}\right)^2 - p^2 = -\frac{3}{4}p^2.$$

若直线 l 不垂直于 x 轴,设其方程为 $y = k\left(x - \dfrac{p}{2}\right)$,$A(x_1,\ y_1)$,$B(x_2,\ y_2)$.

由 $\begin{cases} y = k\left(x - \dfrac{p}{2}\right), \\ y^2 = 2px, \end{cases}$ 得 $k^2 x^2 - p(2 + k^2)x + \dfrac{p^2}{4}k^2 = 0$.

于是 $x_1 + x_2 = \dfrac{(2+k^2)}{k^2}p$，$x_1 x_2 = \dfrac{p^2}{4}$.

$\therefore \overrightarrow{OA} \cdot \overrightarrow{OB} = x_1 x_2 + y_1 y_2 = x_1 x_2 + k^2\left(x_1 - \dfrac{p}{2}\right)\left(x_2 - \dfrac{p}{2}\right) = (1+k^2)x_1 x_2 -$

$\dfrac{p}{2}k^2(x_1+x_2) + \dfrac{p^2 k^2}{4} = (1+k^2)\dfrac{p^2}{4} - \dfrac{p}{2}k^2 \cdot \dfrac{(2+k^2)p}{k^2} + \dfrac{p^2 k^2}{4} = -\dfrac{3}{4}p^2$.

综上，$\overrightarrow{OA} \cdot \overrightarrow{OB} = -\dfrac{3}{4}p^2$ 为定值.

(2) 关于椭圆有类似的结论:过椭圆 $\dfrac{x^2}{a^2} + \dfrac{y^2}{b^2} = 1(a>0,\ b>0)$ 的一个焦点 F 的动直线 l 交椭圆于 A、B 两点,存在定点 P,使得 $\overrightarrow{PA} \cdot \overrightarrow{PB}$ 为定值.

训练题:

1. 平面几何中,"如果两个角的两边分别垂直,那么这两个角相等或互补". 在立体几何中,类比可得到命题:＿＿＿＿＿＿＿＿＿＿＿＿＿＿＿,所得命题的真假性:＿＿＿＿＿＿＿＿＿＿＿＿＿.

2. 在等差数列 $\{a_n\}$ 中,若 $a_{10} = 0$,则等式 $a_1 + a_2 + \cdots + a_n = a_1 + a_2 + \cdots + a_{19-n}(n \leqslant 19)$ 成立,类比上述性质,相应地,在等比数列 $\{b_n\}$ 中,若 $b_9 = 1$,则等式＿＿＿＿＿＿＿＿ 成立.

3. 已知两个圆: $x^2 + y^2 = 1$①, $x^2 + (y-3)^2 = 1$②,则由①、②可得上述两圆的对称轴方程.将上述命题在曲线仍为圆的情况下加以推广,即要求得到一个更一般的命题,而已知命题为所推广命题的一个特例.

4. 从点 O 所作的两条射线 OM、ON 上分别有点 M_1、M_2 与 N_1、N_2,则三角形的面积之比 $\dfrac{S_{\triangle OM_1 N_1}}{S_{\triangle OM_2 N_2}} = \dfrac{OM_1 \cdot ON_1}{OM_2 \cdot ON_2}$.

若从点 O 所作的不在同一平面内的三条射线 OP、OQ、OR 上分别有点 P_1、P_2, Q_1、Q_2, R_1、R_2,则类比结论为:＿＿＿＿＿＿＿＿＿.

5. 设 $\{a_n\}$ 和 $\{b_n\}$ 是公比不相等的两个等比数列,则 $\{a_n + b_n\}$ 不是等比数列.

(1) 类比得出两个等比数列的积数列 $\{a_n \cdot b_n\}$ 的一个性质;

(2) 再类比得出两个等差数列 $\{a_n\}$ 和 $\{b_n\}$ 的和数列 $\{a_n + b_n\}$ 和积数列 $\{a_n \cdot b_n\}$ 各自的性质.

6.(1) 12 位学生和 3 位教师排成一排,要求教师互不相邻,问有多少种不同的排法?

（2）一排有 15 个座位,有 3 人去坐,要求 3 人互不相邻,问有多少种坐法?

（3）从 1, 2, 3, …, 15 这 15 个数中取出互不相邻的 3 个数,问有多少种不同的取法?

要求:用（1）的解法类比出（2）的解法;再类比出（3）的解法.

7. 已知边长为 a 的正三角形内任意一点 P 到三边的距离之和为常数 $\frac{\sqrt{3}}{2}a$,则在棱长为 a 的正四边体内任一点到四面的距离之和为_____.

8. 下面是在三角形内的结论,请分别在四面体内作出类比的结论:

（1）h_a、h_b、h_c 是 $\triangle ABC$ 三边上的高,P 为 $\triangle ABC$ 内部任一点,P 到三边的距离分别为 p_a、p_b、p_c,则 $\frac{p_a}{h_a}+\frac{p_b}{h_b}+\frac{p_c}{h_c}=1$;

（2）在 $\triangle ABC$ 中,$\angle ABC=\theta_1$,$\angle BCA=\theta_2$,$\angle BAC=\theta_3$,则 $a=b\cos\theta_1+c\cos\theta_2$,$a^2=b^2+c^2-2bc\cos\theta_3$.

9. 二维空间中,圆的一维测度（周长）$l=2\pi r$,二维测度（面积）$S=\pi r^2$;三维空间中,球的二维测度（表面积）$S=4\pi r^2$,三维测度（体积）$V=\frac{4}{3}\pi r^3$. 应用合情推理,若四维空间中,"超球"的三维测度 $V=8\pi r^3$,则其四维测度 $W=$_____.

第三节　分解与整合

在数学解题时,有时需要将一个数学问题分解为若干个小问题,以便于求解. 分解之后又需要整合（合成）.

例如:从装有 6 个红球和 3 个白球的口袋中任取 3 个球,设取到红球的个数为 ξ,求 ξ 的分布列和期望.

分析　$\xi=0, 1, 2, 3$. 红球、白球的构成可分解为:（0 个红球,3 个白球）;（1 个红球,2 个白球）;（2 个红球,1 个白球）;（3 个红球,0 个白球）.

再分别整合为:$P(\xi=0)$、$P(\xi=1)$、$P(\xi=2)$、$P(\xi=3)$,最后合成期望 $E\xi$.

又如:直线与平面所成角的概念是按直线与平面的位置关系分类定义的,但用空间向量研究线面角时,整合为一个公式. 即设直线 l 的方向向量为 $\vec{a}$,平面 α

的法向量为 $\vec{n}$，直线 l 与平面 α 所成角为 θ，则 $\sin\theta = \cos\langle\vec{a}, \vec{n}\rangle = \dfrac{|\vec{a} \cdot \vec{n}|}{|\vec{a}||\vec{n}|}$.

例1 已知数列 $\{a_n\}$ 中，$a_1 = 1$，$a_2 = a - 1$（$a \neq 0$，且 $a \neq 1$），前 n 项和为 S_n，且 $n \geqslant 2$ 时，$\dfrac{1}{S_n} = \dfrac{1}{a_n} - \dfrac{1}{a_{n+1}}$.

（1）求证：数列 $\{S_n\}$ 为等比数列；

（2）求数列 $\{a_n\}$ 的通项公式；

（3）若 $a = 4$，令 $b_n = \dfrac{9a_n}{(a_n + 3)(a_{n+1} + 3)}$，记数列 $\{b_n\}$ 的前 n 项和为 T_n，设 λ 为整数，问是否存在正整数 n，使等式 $T_n + \dfrac{3\lambda}{5a_{n+1}} = \dfrac{7}{8}$ 成立？若存在，求出 n 和相应 λ 的值；如不存在，说明理由.

本题第（3）小问是探索性的问题，探究 n 与 λ 的存在性，若将（1）、（2）小问删去，仍然可以求解，但难度就大了. 有了（1）小问作为台阶，求 a_n 的表达式就有了方向，审题就非常容易审准了：将 a_n 转化为 S_n.

我们可以这样看问题，将这道探究题（探求 n 和相应 λ 的值）分解成三个小问题，逐一求解，从而整道题目获得求解.

我们再将目光放在 b_n 上，由（2）小问得 $a_n = \begin{cases} 1 & (n = 1), \\ (a-1)a^{n-2} & (n \geqslant 2), \end{cases}$ 由于数列 $\{a_n\}$ 是分段数列，a_n 影响着 b_n，b_n 也是分段数列. 所以探求 n 和相应 λ 的值，也顺理成章地分解为"$n = 1$ 时"和"$n \geqslant 2$ 时"两步完成.

对于数学解题的分解，前苏联著名数学家塔尔塔柯夫斯基教授将其形象地比喻成：在石头堆里抓老鼠，逐一将石块捡开，直到发现老鼠为止.

依据认识论的原理，问题只有通过分解，才能更加清晰地把握待解决问题内部的各种约束关系，弄清楚问题的范围，明确从哪里着手，从而找到解决问题的办法.

例2 如图 6-3-1，圆柱的底面直径 $AC = 4$，等腰三角形 ABC 内接于底面圆，圆柱的母线长为 4.

（1）证明 $BC \perp$ 平面 ABD；

（2）在圆柱的侧面上有一点 E，使 $AE \perp$ 平面 BCD，

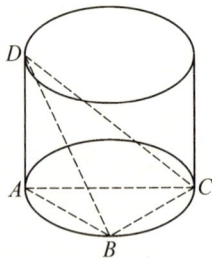

图 6-3-1

求点 E 到平面 ABC 的距离.

下面对(2)进行分析:由(1)知平面 $BCD\perp$ 平面 ABD,作 $AF\perp BD$,垂足为 F,则 $AF\perp$ 平面 BCD,这样点 A、F、E 共线,所以点 F、E 在平面 ABC 内的射影在 AB 上,另一方面,点 E 在平面 ABC 内的射影必在底面圆上,所以点 E 的射影为点 B. 将平面 $ABED$ 分解移出圆柱(如图 6-3-2),由相似三角形得 $\dfrac{EB}{BA}=\dfrac{AB}{DA}$,所以 $EB=2$,即所求的距离为 2.

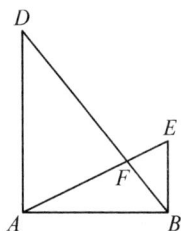

图 6-3-2

训练题:

1. 已知函数 $f(x)=a^{|x|}+\dfrac{2}{a^x}(a>0,\ a\neq 1)$,若函数 $g(x)=f(-x)$,$x\in[-2,\ +\infty)$ 的最值与 a 无关,求 a 的取值范围.

2. 已知函数 $f(x)$ 满足 $f(x)=f'(1)e^{x-1}-f(0)x+\dfrac{1}{2}x^2$,若 $f(x)\geqslant\dfrac{1}{2}x^2+ax+b$,求 $(a+1)b$ 的最大值.

3. 集合 $A=\{x\in\mathbf{R}\mid y=\lg x\}$,$B=\{x\in\mathbf{R}\mid 2x^2-2(1-a)x+a(1-a)>0\}$,$D=A\bigcap B$.

（Ⅰ）当 $0<a<\dfrac{1}{2}$ 时,求集合 D(用区间表示);

（Ⅱ）在（Ⅰ）的条件下,求函数 $f(x)=4x^3-3(1+2a)x^2+6ax$ 在 D 内的极值点.

4. 已知 $\{a_n\}$ 是首项为 2、公比为 $\dfrac{1}{2}$ 的等比数列,S_n 为它的前 n 项和.

(1) 用 S_n 表示 S_{n+1};

(2) 是否存在自然数 c 和 k,使得 $\dfrac{S_{k+1}-c}{S_k-c}>2$ 成立?

5. 已知向量 $\overrightarrow{OA}=(2,\ 0)$,$\overrightarrow{OC}=\overrightarrow{AB}=(0,\ 1)$,动点 M 到定直线 $y=1$ 的距离等于 d,并且满足 $\overrightarrow{OM}\cdot\overrightarrow{AM}=k(\overrightarrow{CM}\cdot\overrightarrow{BM}-d^2)$,其中 O 是坐标原点,k 是参数.

(1) 求动点 M 的轨迹方程,并判断曲线类型;

(2) 当 $k=\dfrac{1}{2}$ 时,求 $|\overrightarrow{OM}+2\overrightarrow{AM}|$ 的最大值和最小值;

（3）如果动点 M 的轨迹是圆锥曲线,其离心率 e 满足 $\frac{\sqrt{3}}{3} \leqslant e \leqslant \frac{\sqrt{2}}{2}$,求实数 k 的取值范围.

6. 若函数 $f(x)$ 对任意的实数 x_1,$x_2 \in D$,均有 $|f(x_2) - f(x_1)| \leqslant |x_2 - x_1|$,则称函数 $f(x)$ 是区间 D 上的"平缓函数".

（1）判断 $g(x) = \sin x$ 和 $h(x) = x^2 - x$ 是不是实数集 **R** 上的"平缓函数",并说明理由;

（2）若数列 $\{x_n\}$ 对所有的正整数 n 都有 $|x_{n+1} - x_n| \leqslant \frac{1}{(2n+1)^2}$,设 $y_n = \sin x_n$,求证: $|y_{n+1} - y_1| < \frac{1}{4}$.

第四节 转 换

在数学解题时,常用转换策略,转换已知条件,或转换问题的结论. 转换可以是等价的,也可以是不等价的,转换仅是第一步;第二步,要对转换后的问题进行求解;第三步,要将转换后的问题的解答反演成原问题的解答. 如果采用等价关系作转换,可直接求出解而省略反演这一步.

著名数学家、莫斯科大学教授 C•A•雅洁卡娅提出:"解题就是把需要求解的题转化为已经解过的题."数学的解题过程,就是从未知向已知、从复杂到简单的化归转换过程. 等价转化思想方法的特点是具有灵活性和多样性.

一、情境转换

例 1 不等式 $|x-2| + |y-2| \leqslant 2$ 表示的平面区域的面积为 _____.

解 将 $|x-2| + |y-2| \leqslant 2$ 平移为 $|x| + |y| \leqslant 2$.

由 $|x| + |y| = 2$ 区域的对称性,只需研究在 $\begin{cases} x+y \leqslant 2, \\ x \geqslant 0, 且 y \geqslant 0 \end{cases}$ 下的面积.

此区域的面积为 2.

故所求面积为 $4 \times 2 = 8$. 应填 8.

二、背景转换

例 2　设 x、y、z 是满足 $x+y+z=5$，$xy+yz+zx=3$ 的实数，试求 z 的最大值.

学生可能会对题目感到陌生，难以下手. 观察发现 $x+y+z=5$ 可以写为 $x+y=2\times\dfrac{5-z}{2}$，于是问题向等差数列转化.

即 x、$\dfrac{5-z}{2}$、y 成等差数列.

学生对等差数列相当熟悉，可以设 $x=\dfrac{5-z}{2}-d$，$y=\dfrac{5-z}{2}+d$.

由 $xy+yz+zx=3$，得

$$3z^2-10z-13=-4d^2<0,$$

解得 $-1\leqslant z\leqslant\dfrac{13}{3}$.

当 $z=\dfrac{13}{3}$，$x=y=\dfrac{1}{3}$ 时，符合题设的两个条件，

所以 $z_{\max}=\dfrac{13}{3}$.

三、语句转换

例 3　h 为何值时，直线 $l: y=k(x-1)+1$ 不能垂直平分抛物线 $y^2=x$ 的某条弦？

分析　将"不能"转换为"能"，问题转换为：h 为何值时，直线 $l: y=k(x-1)+1$ 能垂直平分抛物线 $y^2=x$ 的某条弦？

解　设弦 AB 的两个端点为：$A(x_1, y_1)$、$B(x_2, y_2)$，且 AB 的中点为 $M(x_0, y_0)$，

∴ $y_1^2=x_1$，$y_2^2=x_2$，

∴ $x_2-x_1=(y_2-y_1)(y_2+y_1)$，

$$\therefore -\frac{1}{h} = \frac{y_2 - y_1}{x_2 - x_1} = \frac{1}{y_1 + y_2}, \text{即} \ y_1 + y_2 = -h.$$

又 $y_0 = \dfrac{y_1 + y_2}{2} = \dfrac{h}{2}$，点 M 分布在 $y^2 = x$ 的内部，

$$\therefore y_0^2 < x_0.$$

又 (x_0, y_0) 在直线 $y = k(x-1) + 1$ 上，得 $x_0 = \dfrac{1}{2} - \dfrac{1}{k}$，

$$\therefore \left(-\frac{k}{2}\right)^2 < \frac{1}{2} - \frac{1}{k}, \text{即} \frac{k^3 - 2k + 4}{k} < 0,$$

$$\therefore \frac{(k+2)\left[(k-1)^2 + 1\right]}{k} < 0,$$

$$\therefore -2 < k < 0.$$

即当 $k \leqslant -2$ 或 $k \geqslant 0$ 时，直线 l 不能平分抛物线 $y^2 = x$ 的某条弦.

四、数图转换

例 4 设 $f(x)$ 定义在 $\mathbf{R}$ 上，且 $f(x+1) = -f(x)$，当 $x \in [-1, 1]$ 时，$f(x) = x|x|$，试求 $g(x) = f(x) - \dfrac{1}{5}x$ 的零点个数.

分析 如图 $6-4-1$，$y = g(x)$ 的零点个数转化为 $f(x) = \dfrac{1}{5}x$ 的解的个数，又将题中的数形对换，直观快捷地得零点个数为 5.

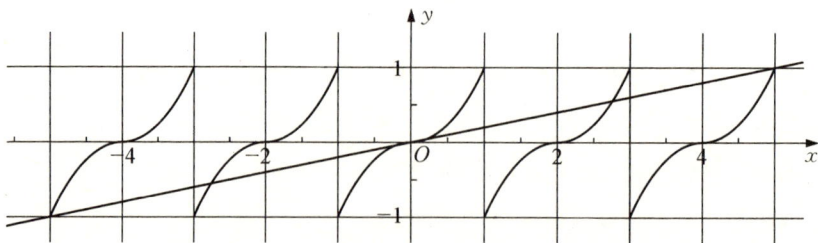

图 $6-4-1$

例 5 $a, b \in \mathbf{R}_+$，且 $a + b = 1$，求证：$\sqrt{a^2 + 1} + \sqrt{b^2 + 1} \geqslant \sqrt{5}$.

解 将题中条件转换为向量的模，利用"三角形两边的和大于第三边"予以

证明.

设 $\overrightarrow{OA} = (a, 1)$, $\overrightarrow{OB} = (b, 1)$,

$$| \overrightarrow{OA} | + | \overrightarrow{OB} | = \sqrt{a^2 + 1} + \sqrt{b^2 + 1} \geqslant | \overrightarrow{OA} + \overrightarrow{OB} |$$
$$= \sqrt{(a+b)^2 + 2^2} = \sqrt{5}.$$

五、参(常)数与变数置换

例 6 解方程 $x^4 - 4x^2 - x + 2 = 0$.

将方程转换为关于常数 2 的一元二次方程：$2^2 - (1 + 2x^2) \times 2 + (x^4 - x) = 0$.

$$\Delta = (1 + 2x^2)^2 - 4(x^4 - x) = (2x + 1)^2,$$

$$\therefore 2 = \frac{(1 + 2x^2) \pm (2x + 1)}{2},$$

$$\therefore x^2 + x - 1 = 0 \text{ 或 } x^2 - x - 2 = 0.$$

解得 $x_{1,2} = \frac{-1 \pm \sqrt{5}}{2}$, $x_3 = -1$, $x_4 = 2$.

六、换元

当看不出数学问题的某些量之间的直接联系时,通过观察联想,往往发现可以通过引入新的变量,把分散的、隐含的条件显露出来,或者把条件与结论联系起来,或者变为熟悉的形式,把复杂的计算和推论简化.常见的换元有:式的换元、三角换元、局部换元、整体换元.

例 7 试求周长为 10 的直角三角形面积的最大值.

解 在 Rt$\triangle ABC$ 中,设 $\angle ABC = \theta$, $\theta \in \left(0, \frac{\pi}{2}\right)$,有

$$\begin{cases} b = c\sin\theta, \\ a = c\cos\theta, \\ a + b + c = 10. \end{cases}$$

$$\therefore c = \frac{10}{1+\cos\theta+\sin\theta}.$$

$$\therefore S_{\triangle ABC} = \frac{1}{2}ba = \frac{1}{2}c^2\sin\theta\cos\theta = 50 \times \frac{\sin\theta\cos\theta}{(1+\sin\theta+\cos\theta)^2}.$$

设 $t = \sin\theta + \cos\theta = \sqrt{2}\sin\left(\theta+\frac{\pi}{4}\right)$，$\frac{\pi}{4} < \theta + \frac{\pi}{4} < \frac{3}{4}\pi$，

$$\therefore t \in (1, \sqrt{2}], \ t^2 = 1 + 2\sin\theta\cos\theta, \ 2\sin\theta\cos\theta = t^2 - 1.$$

$$\therefore S = \frac{25(t^2-1)}{(1+t)^2} = \frac{25(t-1)}{t+1} = 25\left(1 - \frac{2}{t+1}\right) \leqslant 25\left(1 - \frac{2}{\sqrt{2}+1}\right) =$$

$75 - 50\sqrt{2}$.

在一个式子中同时出现 $\sin\theta \pm \cos\theta$ 和 $\sin\theta\cos\theta$ 时,常设 $t = \sin\theta \pm \cos\theta$ 进行换元. 当然,此题用二元均值不等式更简捷一些.

七、几何转换

就高中立体几何而言,几何转换按不同标准,可分为:平行与垂直转换;线线关系与线面关系、面面关系的转换;旋转转换、平移转换、对称转换、割补转换、射影转换、等积转换等.

例 8 如图 6-4-2,在棱长为 a 的正方体 $ABCD$-$A_1B_1C_1D_1$ 中,E、F 分别为 AA_1、CC_1 的中点,求 A_1 到面 $EBFD_1$ 的距离.

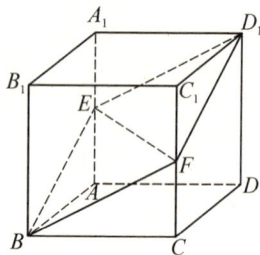

图 6-4-2

分析 连结 EF,截面 A_1EF 将四棱锥 A_1-$EBFD_1$ 分割为等体积的两个三棱锥 A_1-BEF 和 A_1-D_1EF,而三棱锥 A_1-D_1EF 的体积通过等积转换可简捷求得.

解 设所求距离为 h.

由正方体性质,以及 E、F 分别为 AA_1、CC_1 的中点,

$$\therefore S_{\triangle BEF} = S_{\triangle D_1EF},$$

$$\therefore V_{A_1\text{-}EBFD_1} = 2V_{A_1\text{-}D_1EF} = 2V_{F\text{-}A_1D_1E} = 2 \times \frac{1}{3} \times \frac{1}{4}a^2 \times a = \frac{1}{6}a^3 =$$

$\frac{1}{3}S_{EBFD_1} \cdot h,$

即 $\frac{1}{6} \times \sqrt{3}a \times \sqrt{2}a \times h = \frac{1}{6}a^3,$

$\therefore h = \frac{\sqrt{6}}{6}a.$

八、割补转换

当有的几何体按原图直接求解有困难时,若能将图形进行恰当的分割补形转换为我们熟悉的基本几何体,则可以起到化生为熟、化难为易的效果.

几何中化"曲"为"直"、化"折"为"直"也是基本的转换手段.

例9　如图 6-4-3,过正方形 $ABCD$ 的顶点 A 作 $PA \perp$ 面 $ABCD$,且 $PA = AB = a$,求面 PAB 与面 PCD 所成二面角的大小.

解　将原四棱锥 $P-ABCD$ 补形为正方体 $PQSR-ABCD$.

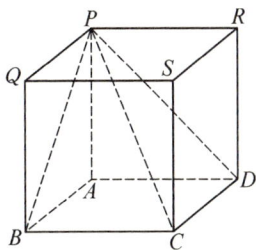

图 6-4-3

$\because PQ \perp PD,\ PA \perp PQ,$

$\therefore \angle DPA$ 为二面角的平面角.

$\because \angle PAD = 90°,\ PA = AD,$

$\therefore \angle DPA = 45°$,故所求二面角的大小为 $45°$.

第五节　数形结合

"数"和"形"是数学研究的两大对象,数形结合简言之即数和形两方面的转化,即以数解形、以形助数和数形互助."纯数学的对象是现实世界的空间形式和数量关系,'数'和'形'是数学中两个最基本的概念,它们既是对立的,又是统一的,每个几何图形中都蕴含着与它们的形状、大小、位置密切相关的数量关系;反之,数量关系又常常可以通过几何图形作出直观的反映和描述."数形结合的实质就是将抽象数学语言与直观图形结合起来,使抽象思维和形象思维结合起来.

本书在第三章第一节给出了使用数形结合的六种情形,下面再通过一些例子加以说明.

例1 求 $\tan 20° + 4\sin 20°$ 的值.

由题目的函数名和角的特点,构造 Rt$\triangle ABC$(如图 6-5-1),$\angle C = 90°$,$\angle ABC = 60°$,$AB = 2$,则 $BC = 1$,$CA = \sqrt{3}$.作 $\angle CBD = 20°$.

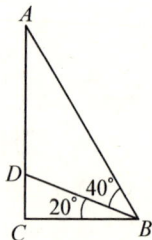

图 6-5-1

$\therefore DB = \dfrac{1}{\cos 20°}$,$DC = \tan 20°$,

$$S_{\triangle BCD} = \frac{1}{2} \times 1 \times \tan 20° = \frac{1}{2}\tan 20°,$$

$$S_{\triangle ABD} = \frac{1}{2}AB \cdot DB \sin 40° = \frac{1}{2} \times 2 \times \frac{1}{\cos 20°} \times 2\sin 20°\cos 20° = 2\sin 20°.$$

又 $S_{\triangle BCD} + S_{\triangle ABD} = S_{\triangle ABC} = \dfrac{\sqrt{3}}{2}$,

$\therefore \dfrac{1}{2}\tan 20° + 2\sin 20° = \dfrac{\sqrt{3}}{2}$.

即 $\tan 20° + 4\sin 20° = \sqrt{3}$.

例2 $f(x) = \sqrt{1+x^2}$,且 $x_1 \neq x_2$,求证:$|f(x_1) - f(x_2)| < |x_2 - x_1|$.

解 构造如图 6-5-2 所示的直角三角形.

设 $CD = 1$,$CB = x_1$,$CA = x_2$,$|AB| = |x_2 - x_1|$.

$\therefore BD = \sqrt{1+x_1^2}$,$AD = \sqrt{1+x_2^2}$,

在 $\triangle ABD$ 中,$|AD - BD| < |AB|$,即 $|f(x_1) - f(x_2)| < |x_2 - x_1|$.

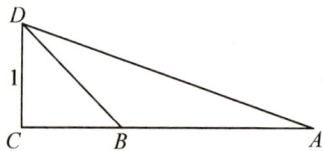

图 6-5-2

例3 解不等式 $|x+2| + |x-2| > x+4$.

解 设 $y_1 = \begin{cases} -2x, & x \leqslant -2, \\ 4, & -2 < x \leqslant 2, \\ 2x, & x > 2, \end{cases}$ $y_2 = x+4$,作出两个函数的图象如图 6-5-3.

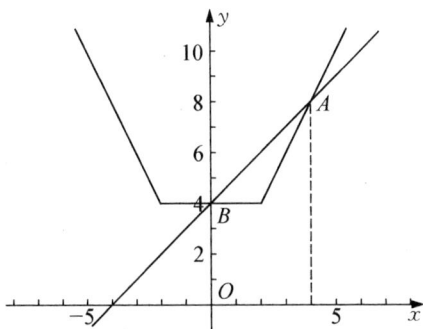

图 6-5-3

解出交点 $A(4,8)$,发现交点 $B(0,4)$.

当 $x>4$ 时,折线在直线上方,

当 $x<0$ 时,折线也在直线上方,

∴ 不等式的解集为 $(-\infty,0)\cup(4,+\infty)$.

例4 设函数 $g(x)=x^2-2,(x\in \mathbf{R})$,$f(x)=\begin{cases}g(x)+x+4, & x<g(x),\\ g(x)-x, & x\geqslant g(x),\end{cases}$ 求 $f(x)$ 的值域.

解 依题意有 $f(x)=\begin{cases}x^2+x+2, & x<-1,\ x>2,\\ x^2-x-2, & -1\leqslant x\leqslant 2.\end{cases}$

作出 $y=f(x)$ 的图象(由三段不连续的曲线组成)如图 6-5-4.

由图象可知:当 $x<-1$ 或 $x>2$ 时,值域为 $(3,+\infty)$;

当 $-1\leqslant x\leqslant 2$ 时,值域为 $\left[-\dfrac{9}{4},0\right]$.

由此所求值域为 $\left[-\dfrac{9}{4},0\right]\cup(3,+\infty)$.

例5 已知向量 $\vec{a}$、$\vec{b}$ 的夹角为 $120°$,$|\vec{a}|=2|\vec{b}|$,则向量 $\vec{a}$ 与向量 $\vec{a}+2\vec{b}$ 的夹角为多少?

分析 设 $\overrightarrow{OA}=\vec{a}$,$\overrightarrow{OB}=\vec{b}$,$\overrightarrow{OD}=2\vec{b}$,

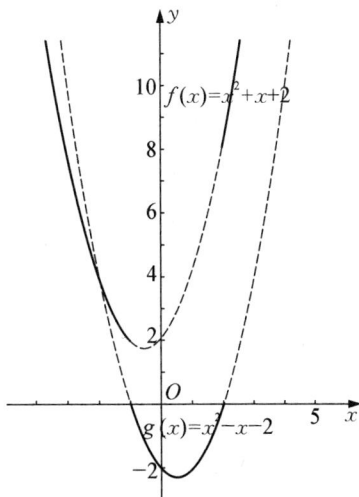

图 6-5-4

$\overrightarrow{OC} = \vec{a} + 2\vec{b}$,则由加法的几何意义知,$OACD$ 为菱形,$\therefore \angle COD = 60°$.

例 6 如图 $6-5-5$,已知抛物线 P: $y^2 = x$,直线 AB 与抛物线 P 交于 A、B 两点,$\overrightarrow{OA} + \overrightarrow{OB} = \overrightarrow{OC}$,$OC$ 与 AB 交于点 M.

(1) 求点 M 的轨迹方程;

(2) 求四边形 $AOBC$ 的面积的最小值.

解 方法一 (1) 设 $M(x, y)$,$A(y_1^2, y_1)$,$B(y_2^2, y_2)$.

$\because \overrightarrow{OA} + \overrightarrow{OB} = \overrightarrow{OC}$,

$\therefore M$ 是线段 AB 的中点.

$\therefore x = \dfrac{y_1^2 + y_2^2}{2} = \dfrac{(y_1 + y_2)^2 - 2y_1 y_2}{2}$, ①

$y = \dfrac{y_1 + y_2}{2}$. ②

$\because OA \perp OB$,

$\therefore \overrightarrow{OA} \cdot \overrightarrow{OB} = 0$,

$\therefore y_1^2 y_2^2 + y_1 y_2 = 0$.

依题意知 $y_1 y_2 \neq 0$,

$\therefore y_1 y_2 = -1$. ③

把②、③代入①,得 $x = \dfrac{4y^2 + 2}{2}$,即 $y^2 = \dfrac{1}{2}(x - 1)$.

$\therefore$ 点 M 的轨迹方程为 $y^2 = \dfrac{1}{2}(x - 1)$.

(2) 依题意得四边形 $AOBC$ 是矩形,$\therefore$ 四边形 $AOBC$ 的面积为

$$S = |\overrightarrow{OA}| |\overrightarrow{OB}| = \sqrt{(y_1^2)^2 + y_1^2} \cdot \sqrt{(y_2^2)^2 + y_2^2}$$

$$= \sqrt{(y_1^2 + 1)(y_2^2 + 1)(y_1 y_2)^2}$$

$$= \sqrt{y_1^2 y_2^2 + y_1^2 + y_2^2 + 1}$$

$$= \sqrt{2 + y_1^2 + y_2^2}.$$

$\because y_1^2 + y_2^2 \geqslant 2|y_1 y_2| = 2$,当且仅当 $|y_1| = |y_2|$ 时,等号成立,

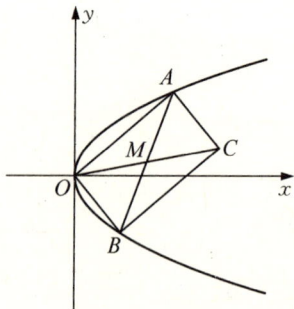

∴ $S \geqslant \sqrt{2+2} = 2$.

∴ 四边形 $AOBC$ 的面积的最小值为 2.

方法二　(1) 依题意,知直线 OA、OB 的斜率存在,设直线 OA 的斜率为 k, 由于 $OA \perp OB$,则直线 OB 的斜率为 $-\dfrac{1}{k}$.

故直线 OA 的方程为 $y = kx$,直线 OB 的方程为 $y = -\dfrac{1}{k}x$.

由 $\begin{cases} y = kx, \\ y^2 = x, \end{cases}$ 消去 y,得 $k^2 x^2 - x = 0$.

解得 $x = 0$ 或 $x = \dfrac{1}{k^2}$.

∴ 点 A 的坐标为 $\left(\dfrac{1}{k^2}, \dfrac{1}{k}\right)$.

同理得点 B 的坐标为 $(k^2, -k)$.

∵ $\overrightarrow{OA} + \overrightarrow{OB} = \overrightarrow{OC}$,

∴ M 是线段 AB 的中点.

设点 M 的坐标为 (x, y),

则 $\begin{cases} x = \dfrac{\dfrac{1}{k^2} + k^2}{2}, \\ y = \dfrac{\dfrac{1}{k} - k}{2}. \end{cases}$

消去 k,得 $y^2 = \dfrac{1}{2}(x - 1)$.

∴ 点 M 的轨迹方程为 $y^2 = \dfrac{1}{2}(x - 1)$.

(2) 依题意得四边形 $AOBC$ 是矩形,

∴ 四边形 $AOBC$ 的面积为

$$S = |\overrightarrow{OA}| \, |\overrightarrow{OB}| = \sqrt{\left(\dfrac{1}{k^2}\right)^2 + \left(\dfrac{1}{k}\right)^2} \cdot \sqrt{(k^2)^2 + (-k)^2}$$

$$= \sqrt{2 + k^2 + \dfrac{1}{k^2}} \geqslant \sqrt{2 + 2\sqrt{k^2 \cdot \dfrac{1}{k^2}}} = 2.$$

当且仅当 $k^2 = \dfrac{1}{k^2}$，即 $k^2 = 1$ 时，等号成立.

∴ 四边形 $AOBC$ 的面积的最小值为 2.

第六节 构造与配凑

具有创新潜质的学生脑海中拥有丰富生动的解题小模块，他们容易产生联想、构造、配凑的解题思路. 解题对学生而言也是一种创新.

一、构造

构造是通过中间辅助"量"，沟通题目中的条件与结论的内在联系，使题目轻松获解.

(一) 构造图形

例如：求棱长为 $\sqrt{2}$ 的正四面体的外接球的表面积，可将正四面体构造为正方体内的一部分，正四面体的棱长刚好为正方体的面对角线长，抓住这个关系，进而发现外接球的直径就是正方体的体对角线长.

例 1 已知 $\theta \in \left(0, \dfrac{\pi}{2}\right)$，$a \in (0, +\infty)$，求证：$(\sqrt{2}\cos\theta - a)^2 + \left(\sqrt{2}\sin\theta - \dfrac{9}{a}\right)^2 \geqslant 8$.

所给不等式左端似两点间距离的平方，抓住这一特征，将不等式左边几何化，构造两曲线上的点之间的距离来描述这一特征.

证明 设圆 $x^2 + y^2 = 2$，双曲线 $y = \dfrac{9}{x}$，A、B 分别在两曲线上，构造距离的平方

$$|AB|^2 = (\sqrt{2}\cos\theta - a)^2 + \left(\sqrt{2}\sin\theta - \dfrac{9}{a}\right)^2.$$

由曲线几何对称性，得 $|AB| \geqslant 3\sqrt{2} - \sqrt{2} = 2\sqrt{2}$.

故问题获证.

例 2　已知 x，$y \in \mathbf{R}_+$，$x + y = 2$，求 $\sqrt{x^2 + 4} + \sqrt{y^2 + 1}$ 的最小值.

解　构图，$CA \perp AB$，$DB \perp AB$，$AB = AC = 2$，$BD = 1$，P 在线段 AB 上，$AP = x$，$PB = y$，故 $CP = \sqrt{x^2 + 4}$，$DP = \sqrt{y^2 + 1}$.

∵ $CP + DP \geqslant CD = \sqrt{13}$，

∴ $(\sqrt{x^2 + 4} + \sqrt{y^2 + 1})_{\min} = \sqrt{13}$.

(二) 构造圆锥曲线模型

例 3　已知 α，$\beta \in \left(0, \dfrac{\pi}{2}\right)$，且 $\dfrac{\cos^4 \alpha}{\sin^2 \beta} + \dfrac{\sin^4 \alpha}{\cos^2 \beta} = 1$，求证：$\alpha + \beta = \dfrac{\pi}{2}$.

解　构造点 $M = (\cos^2 \alpha, \sin^2 \alpha)$，$N = (\sin^2 \beta, \cos^2 \beta)$，在椭圆 $\dfrac{x^2}{\sin^2 \beta} + \dfrac{y^2}{\cos^2 \beta} = 1$ 上过点 N 的椭圆切线方程为 $x + y = 1$，点 M 也在该切线上，由切点的唯一性，M、N 两点重合.

∴ $\cos^2 \alpha = \sin^2 \beta$，$\sin^2 \alpha = \cos^2 \beta$，

∴ $\cos \alpha = \sin \beta = \cos\left(\dfrac{\pi}{2} - \beta\right)$.

又 $0 < \alpha$，$\beta < \dfrac{\pi}{2}$，

∴ $\alpha + \beta = \dfrac{\pi}{2}$.

(三) 构造数列

构造数列是求递推数列的常用方法.

例 4　设 S_n 为数列 $\{a_n\}$ 的前 n 次和，$n \in \mathbf{N}^*$，且 $S_n = (m+1) - ma_n$（m 为常数，且 $m > 0$），设数列 $\{a_n\}$ 的公比为 $q = f(m)$，数列 $\{b_n\}$ 满足 $b_1 = 2a_1$，$b_n = f(b_{n-1})$（$n \geqslant 2$，$n \in \mathbf{N}^*$），求数列 $\{b_n\}$ 的通项公式.

解　当 $n = 1$ 时，$a_1 = S_1 = 1$；

当 $n \geqslant 2$ 时，$a_n = S_n - S_{n-1} = n(a_{n-1} - m \cdot a_n)$.

∴ $\dfrac{a_n}{a_{n-1}} = \dfrac{m}{1+m}$（$n \geqslant 2$），

$\therefore f(m) = \dfrac{m}{1+m}(m$ 为常数，且 $m > 0)$，

$\therefore b_1 = 2a_1 = 2$，$b_n = f(b_{n-1}) = \dfrac{b_{n-1}}{1+b_{n-1}}$.

$\therefore \dfrac{1}{b_n} - \dfrac{1}{b_{n-1}} = 1$，（这一步是构造转化的关键之处）

$\therefore \left\{\dfrac{1}{b_n}\right\}$ 是首项为 $\dfrac{1}{2}$、公差为 1 的等差数列.

$\therefore \dfrac{1}{b_n} = \dfrac{1}{2} + (n-1) \times 1 = \dfrac{2n-1}{2}$，

$\therefore b_n = \dfrac{2}{2n-1}\ (n \in \mathbf{N}^*)$.

说明：若 $a_n = \dfrac{ca_n}{aa_n + b}$，则常用取倒数构造新数列.

(四) 构造二次函数

例 5 已知 $a+b+c = d(d > 0)$，$a^2 + b^2 + c^2 = \dfrac{d^2}{2}$，试求 c 的取值范围.

解 构造二次函数 $f(m) = (m-a)^2 + (m-b)^2$，

则 $f(m) = 2m^2 - 2(a+b)m + (a^2 + b^2) \geqslant 0$.

由于 m^2 的系数 $2 > 0$，$\therefore \Delta = 4(d-c)^2 - 4(d^2 - 2c^2) \leqslant 0$，

即 $c\left(c - \dfrac{2}{3}d\right) \leqslant 0$，

$\therefore 0 \leqslant c \leqslant \dfrac{2}{3}d$.

二、配凑

配凑就是在处理问题时，根据需要，通过"配"与"凑"的变形手法，创造出合乎逻辑的情形，顺利解题. 常见的有凑"1"变形、配"0"变形、拆项变形、搭配变形等. 配凑后，有效使用条件，顺应解题需要，突破难点.

(一) 配凑定义

例 6 设 p 为椭圆 $\dfrac{x^2}{25}+\dfrac{y^2}{9}=1$ 上的一点,F_1、F_2 为其焦点,$\angle F_1PF_2=45°$,求 $\triangle F_1PF_2$ 的面积.

解 在 $\triangle F_1PF_2$ 中,由余弦定理有

$$|F_1F_2|^2=|PF_1|^2+|PF_2|^2-2|PF_1|\cdot|PF_2|\cos\angle F_1PF_2$$
$$=(|PF_1|+|PF_2|)^2-(2+\sqrt{2})|PF_1|\cdot|PF_2|,$$

$$\therefore 64=100-(2+\sqrt{2})|PF_1|\cdot|PF_2|,\ |PF_1|\cdot|PF_2|=18\times(2-\sqrt{2}),$$

$$\therefore S_{\triangle F_1PF_2}=\frac{1}{2}|PF_1|\cdot|PF_2|=18-9\sqrt{2}.$$

(二) 配凑条件

例 7 $a,b,c\in\mathbf{R}_+$,且 $a+b+c=3$,求 $y=\sqrt{2a+1}+\sqrt{2b+1}+\sqrt{2c+1}$ 的最大值.

分析 为了求和的最大值,要用到和为定值,策略上用三元均值不等式可求解,其相等条件是关键.配凑相等,即 $a=b=c=1$ 时,$2a+1=3$,配凑出定值条件:

$$\sqrt{2a+1}=\frac{1}{\sqrt{3}}\times\sqrt{3(2a+1)}\leqslant\frac{1}{\sqrt{3}}\times\frac{2a+1+3}{2};$$

$$\sqrt{2b+1}=\frac{1}{\sqrt{3}}\times\sqrt{3(2b+1)}\leqslant\frac{1}{\sqrt{3}}\times\frac{2b+1+3}{2};$$

$$\sqrt{2c+1}=\frac{1}{\sqrt{3}}\times\sqrt{3(2c+1)}\leqslant\frac{1}{\sqrt{3}}\times\frac{2c+1+3}{2}.$$

$$\therefore y\leqslant\frac{1}{\sqrt{3}}\times\frac{1}{2}[2(a+b+c)+12]=3\sqrt{3},$$

当且仅当 $a=b=c=1$ 时,$y_{\max}=3\sqrt{3}$.

例 8 设 $a>b>c>0$,则 $2a^2+\dfrac{1}{ab}+\dfrac{1}{a(a-b)}-10ac+25c^2$ 的最小值是

( ).

(A) 2   (B) 4   (C) $2\sqrt{5}$ (D) 5

解 $2a^2 + \dfrac{1}{ab} + \dfrac{1}{a(a-b)} - 10ac + 25c^2 = a^2 + \dfrac{1}{ab} + \dfrac{1}{a(a-b)} + a^2 -$

$10ac + 25c^2 = a^2 + \dfrac{1}{ab} + \dfrac{1}{a(a-b)} + (a-5c)^2 \geqslant a^2 + \dfrac{1}{ab} + \dfrac{1}{a(a-b)} = a^2 -$

$ab + ab + \dfrac{1}{ab} + \dfrac{1}{a(a-b)} = a(a-b) + \dfrac{1}{a(a-b)} + ab + \dfrac{1}{ab} \geqslant 2 + 2 = 4$, 当且仅

当 $a(a-b)=1$ 且 $ab=1$, $a=5c$, 即 $a=\sqrt{2}$, $b=\dfrac{\sqrt{2}}{2}$, $c=\dfrac{\sqrt{2}}{5}$ 时取等号. 因此答案

选 B.

灵活运用添项、减项的手段,结合使用配方法、放缩法、均值不等式,难题也

不难了.

(三) 配凑式子

例 9 已知 $f(3)=2$, $f'(3)=-2$,则 $\lim\limits_{x \to 3} \dfrac{2x - 3f(x)}{x-3}$ 的值为( ).

(A) -4 (B) 8   (C) 0   (D) 不存在

解 $\lim\limits_{x \to 3} \dfrac{2x - 3f(x)}{x-3} = \lim\limits_{x \to 3} \dfrac{2x - 3[f(x) - f(3)] - 3f(3)}{x-3}$

$= \lim\limits_{x \to 3} \dfrac{2(x-3) - 3[f(x) - f(3)]}{x-3}$（凑 $\Delta y = f(x) - f(3)$）

$= \lim\limits_{x \to 3} \left(2 - 3 \times \dfrac{f(x) - f(3)}{x-3}\right) = 2 - 3f'(3) = 8.$ 故选 B.

(四) 配凑结论

例 10 证明 $\dfrac{1}{n+1} + \dfrac{1}{n+2} + \cdots + \dfrac{1}{3n+1} > 1 (n \in \mathbf{N}^*)$.

分析 与自然数 n 相关的命题,选用数学归纳法证明.

在证明的第二步,假设 $n=k$ 时,不等式成立,

即 $\dfrac{1}{k+1} + \dfrac{1}{k+2} + \cdots + \dfrac{1}{3k+1} > 1 (k \in \mathbf{N}^*)$,

欲证 $n=k+1$ 时不等式成立,

即证 $\dfrac{1}{k+2}+\dfrac{1}{k+3}+\cdots+\dfrac{1}{3k+1}+\dfrac{1}{3k+2}+\dfrac{1}{3k+3}+\dfrac{1}{3k+4}>1(k\in\mathbf{N}^*)$

(凑结论).

命题由 $n=k$ 到 $n=k+1$ 增加了 $m=-\dfrac{1}{k+1}+\dfrac{1}{3k+2}+\dfrac{1}{3k+3}+\dfrac{1}{3k+4}$,

只需证明 $m>0$ 即完成了证明.

例 11 已知 $a_i>0(i\in\mathbf{N}^*)$,且 $\displaystyle\sum_{i=1}^{n}a_i=1$. 求证: $\displaystyle\sum_{i=1}^{n}a_i^2>\dfrac{1}{n}$.

分析 在第二步,假设 $n=k(k>2)$ 时命题成立,那么 $n=k+1$ 时,

$\because \displaystyle\sum_{i=1}^{k+1}a_i=1$,

$\therefore \displaystyle\sum_{i=1}^{k}a_i=1-a_{k+1}$.

$\because 0<a_{k+1}<1$,

$\therefore 0<1-a_{k+1}<1$,

$\therefore \dfrac{a_i}{1-a_{k+1}}>0(i\in\mathbf{N}^*)$.

由归纳假设有 $\left(\dfrac{a_1}{1-a_{k+1}}\right)^2+\left(\dfrac{a_2}{1-a_{k+1}}\right)^2+\cdots+\left(\dfrac{a_n}{1-a_{k+1}}\right)^2>\dfrac{1}{k}$,

即 $\displaystyle\sum_{i=1}^{k+1}a_i^2>\dfrac{1}{k}(1-a_{k+1})^2+a_{k+1}^2$.（凑结论）

只需证 $\dfrac{1}{k}(1-a_{k+1})^2+a_{k+1}^2>\dfrac{1}{k+1}(*)$ 即可.

事实上由 $(*)$ 得 $[(k+1)a_{k+1}-1]^2>0$. 故命题成立.

第七章

拔尖创新潜质生解题后的反思习惯培养

　　问题是数学的心脏,解题是数学的灵魂.解题能力的高低,是衡量学生精通数学知识的广度和掌握数学教材的深度的主要标志.模仿套用公式法则是解数学题的低级阶段,而很多数学题的解答却是一个复杂的过程,涉及数学知识、数学方法技巧、思维机制及心智活动等.数学教育家波利亚曾指出:解题过程应包括"弄清问题"、"拟定计划"、"实现计划"和"解题回顾"四个阶段.其中"解题回顾"的实质就是强调对解题结果的检验和成功解题后的反思.在解题完成后,对解题的结果进行检验、总结、归纳,从中发现一些新方法,就能使解题的技能不断提高;成功解题后的反思能促进学生的理解上升到更高的水平,有助于优化学生的思维品质和开发学生的元认知,提升学生的数学能力.学生只有在思考、再思考的过程中获取知识,才能增强创造性解决问题的能力,找到最激动人心的发现,从而激发学习数学的兴趣.因此,要提高学生的解题能力,就必须培养学生解题后的反思总结能力.

第一节　拔尖创新潜质生检查习题解答的若干方法

　　很多学生有这样的感受:书读了不少,题解了很多,但是成绩却没有很大的进步.我们认为,缺少检查是一个重要的原因.教师正确地指导学生自觉地检查习题解答,这对于培养学生明确的学习目的和严谨的科学态度,加强学生基本知识的训练和能力的培养,都具有特别重要的意义,它是数学教学中不可忽视的一项重要任务.而一道数学题解答后,不检查答案是否正确的现象在学生中是较为常见的.在题目解完后,有的学生就认为可以高枕无忧,可以沉浸在胜利的喜悦中了. 实际上, 在解完某一道题后, 应该这样考虑: 结果有没有错? 错误的原因是什么? 能否简化解题过程? 能够检验结果吗? 能够检验论证吗?

　　检查习题解答对解题者来说是很重要的, 它不仅可以核实答案的正确性, 而且还可以丰富解题经验. 以下介绍检查习题解答的几种方法.

一、特殊化与一般化检查法

　　对于某些题目的结果, 常常可以选取特殊情况(如特殊函数、特殊点或值、特殊图形)来进行检验, 其中极端的特殊情况是引人注目的. 例如: 对于一般三角形的结论, 可以用正三角形和直角三角形来检验; 对于相交圆的一般结论, 可以用其个别情况相切圆来检验; 对于双曲线的一般结论, 有时可用其个别情况渐近线来检验. 又如: 当 $f(x)$ 满足 $f(2+x) = f(2-x)$ 时, 要研究 $f(x)$, 可以先研究函数 $f(x) = (x-2)^2$ 和 $f(x) = -(x-2)^2$; 如果要比较 $a^a b^b$ 和 $a^b b^a (a > 0, b > 0)$ 的大小, 可以先尝试取情况一: $a = 2, b = 2$; 情况二: $a = 1, b = 3$; 情况三: $a = 3, b = 1$, 代入一试, 得出初步的判断 $a^a b^b \geqslant a^b b^a$ (此题可用"作商法"解决, 不过代入特殊值可先得出初步的判断); 如果是正四面体或者底面是正方形的正棱锥, 可以马上想到安放在正方体中, 正方体又可以安放在球体中, 两正方体可构成一长方体等. 我们还可以变动数据"定性地"进行检验, 如下例中的(3).

　　例 1　面积为 S 的 $\triangle ABC$ 与平面 α 的夹角为 θ, 且在 α 上的射影为 $\triangle A'B'C'$. 求 $\triangle A'B'C'$ 的面积 S'.

　　解得的答案应是 $S' = S\cos\theta$. 我们可以利用图形直观地检查: (1) 当 $\theta = 0$ 时, 是否有 $S' = S$? (2) 当 $\theta = \dfrac{\pi}{2}$ 时, 是否有 $S' = 0$? (3) 当 θ 由 0 增至 $\dfrac{\pi}{2}$ 时, S' 是否逐渐减小?

　　如果本题误解为 $S' = S\sin\theta$, 这样检查是容易发现错误的.

　　为了检查数字题(如求两个给定的相交圆的公切线方程)的解答, 有时可以把它抽象为字母题(求任意两相交圆的公切线方程), 然后用以上特殊化的方法来检查这个一般化的问题. 这样做无疑会增添检查的途径.

二、数形结合检查法

对于某些用"数"的方法求解的题目,有时可用"形"的方法进行检查. 在这种情况下,这种方法直观易行,而且它常能得到更为简捷的解法.

例2 已知关于 x 的方程 $|(x-1)(x-3)|=mx$ 有四个不同的实数解. 求实数 m 的取值范围.

一些学生选用先去绝对值,然后再对方程进行讨论的方法,求得 $2\sqrt{3}-4\leqslant m\leqslant 4-2\sqrt{3}$.

教师可引导学生用"形"的方法予以检查. 如图 7-1-1,在同一直角坐标系中分别画出 $y=|(x-1)(x-3)|$ 和 $y=mx$ 的图象. 由图可知,要使两函数的图象有四个不同交点,必须 $m>0$,从而得知原解答错误. 观察图象,不难得出该题更好的解法——图象解法.

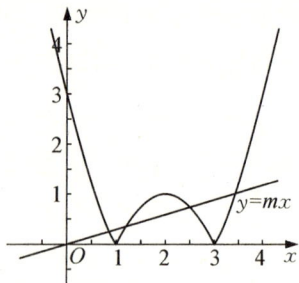

图 7-1-1

三、观察估计检查法

对于题解的数字结果的检查,可把它们与观测值或可测观察数字在常识上的估计值相互比较. 在某些学生的作业中不难发现:他们求出的圆锥内切球半径竟比圆锥的底面半径大;求出的 $|\sin\alpha|$ 竟大于 1;求出的双曲线的离心率竟小于 1 等. 这些学生对此总是不予注意. 其实,多加观察就可以发现,这些结果违背了日常生活和数学的一般常识.

例3 确定 2^{100} 是几位数.

有的学生解出的答案是 30 位. 为了检查这个答案是否正确,可对 2^{100} 的位数作如下的观测: $2^{100}=(2^{10})^{10}=(1024)^{10}>(10^3)^{10}=10^{30}$,由此可知,$2^{100}$ 至少是 31 位整数,故原答案是错误的.

数学是从客观世界中抽象出来的一门科学,其结果当然也要符合客观世界的数量规律. 因此,对于具有明显几何意义或物理意义的解题结果,量纲检验是一种十分有效的简便方法. 假定 a、b 表示线段的长度,如果在计算中出现 a^2+3b 之类的式子,这显然是错误的,因为不同的单位不能相加. 如果计算出来的面积是 $\dfrac{2b^2-a^2}{a+b}$,这显然也是错误的,因为 $\dfrac{2b^2-a^2}{a+b}$ 的单位不是某长度单位的平方. 在解应用题时,检查等号两边的单位是否相同,是一般而重要的检查方法.

四、简单化与具体化检查法

一道复杂或抽象的题目,其解答的正确性常常不易检查. 这时,需要将其转化为简单的或具体的问题. 当然,这种转化不能改变问题原来的本质.

例 4　把 6 本不同的书分配给甲、乙、丙三人,每人 2 本,问有多少种分法?

解　甲、乙、丙三人依次各取 2 本,然后互换,共有 $C_6^2 C_4^2 C_2^2 A_3^3$ 种方法.

这种解答是否正确呢? 我们不妨把问题简化:把 A、B 两本书分给甲、乙两人各一本,有多少种方法? 显然,甲得 A 则乙得 B,甲得 B 则乙得 A. 甲、乙取书的次序对结果没有影响,只有 $C_2^1 C_1^1$ 种方法,由此知原解答错误.

在开始解决一个复杂或抽象的问题时,应尽可能设法把它转化成一个简单而又不失去原意的问题来探讨.

五、多解检查法

"抛两个锚比抛一个锚更安全."有多种解法比只有一种解法更令人放心. 用不同的方法去解同一个题,答案应该是一致的,特别是当自己寻找到一种比较复杂且感到把握不大的解法时,最好探求一下其他的解法,以便相互比较得到印证.

例 5　用 0、1、2、3、4、5 六个数字能组成多少个没有重复数字的六位奇数?

解　6 个数字可组成 A_6^6 个六位数,减去 0 排首位的 A_5^5 个,又由于 1、3、5 是六个数字中的一半,所以有 $\dfrac{1}{2}(A_6^6-A_5^5)=300$ 个.

这种解答是否正确呢? 我们换一种解法,分两类:①1、3、5 排首位时有 3×

$A_2^1 \times A_4^4$；②2、4 排首位时有 $2 \times A_3^1 \times A_4^4$. 因此组成的六位奇数有 $3 \times A_2^1 \times A_4^4 + 2 \times A_3^1 \times A_4^4 = 288$ 个. 仔细比较便知原解答错了.

六、完备性检查法

这种方法主要检查题解是否利用了题设中所有的已知条件、前提和必要的概念. 如果题设中某一条件、前提、必要的概念未被用上, 那么整个解答在通常情况下是错误的或不完整的. 当然也可能题目本身就有条件过剩的情况.

例 6 如果 k、$k+1$、$k+2$ 是钝角三角形的三边, 求 k 的取值范围.

解 因 $k+2$ 是三角形的最大边, 那么它所对的角 θ 必为钝角. 由余弦定理, 得

$$\cos \theta = \frac{k^2 + (k+1)^2 - (k+2)^2}{2k(k+1)} = \frac{k^2 - 2k - 3}{2k(k+1)} = \frac{k-3}{2k} < 0, \text{解得 } 0 < k < 3.$$

上面的解答似乎无懈可击, 但却是错误的. 细察题意, 这是有关三角形边长的问题, 它蕴含着"任意两边之和大于第三边"的条件. 若在 $0 < k < 3$ 内取 $k = 1$, 则 $k+1 = 2$、$k+2 = 3$, 此时, 这三条线段不可能构成三角形. 通过分析不难发现, k 的取值范围应由下列不等式组确定:

$$\begin{cases} k > 0, \\ \dfrac{k^2 + (k+1)^2 - (k+2)^2}{2k(k+1)} < 0, \\ k + (k+1) > k+2, \end{cases} \text{由此解得 } 1 < k < 3.$$

例 7 已知 α、β 为锐角, $\tan \alpha = \dfrac{1}{2}$, $\tan \beta = \dfrac{1}{3}$. 求证: $\alpha + \beta = \dfrac{\pi}{4}$.

证明 $\because \tan(\alpha + \beta) = \dfrac{\tan \alpha + \tan \beta}{1 - \tan \alpha \tan \beta} = \dfrac{\dfrac{1}{2} + \dfrac{1}{3}}{1 - \dfrac{1}{2} \times \dfrac{1}{3}} = 1$,

$\therefore \alpha + \beta = \dfrac{\pi}{4}$.

在以上证明中, α、β 为锐角的条件未用, 推理显然是缺乏充分根据的.

有些学生在进行题解检查时,习惯将原来的解答从头到尾看一遍,这不是进行检查的最好方法.检查时沿着原来的思路单纯地重复,容易束缚自己的思想,易受思维定势的影响而重蹈覆辙.教师多进行发散性的求异思维的教学,是避免重蹈覆辙的有效方法.

在检查运算时,利用逆运算和运算律也是较好的方法.例如,检查 $\log_{\frac{1}{2}}\sqrt{2} = -\frac{1}{2}$ 是否正确,可以看 $\left(\frac{1}{2}\right)^{-\frac{1}{2}} = \sqrt{2}$ 是否正确.

七、逻辑性检查法

这种方法侧重于对整个解题思路的检查.主要是检查每一步的推理依据,这是一种细节性的检查.由某一步推理的错误,可断定整个解答的错误.在用这种方法检查时,宜先检查解题思路是否正确,在检查过程中应反躬自问:每一步推理的依据是杜撰的还是已被证明过的? 对概念的运用是否准确? 使用的公式、法则和定理等应该在什么前提下成立? 使用时这些前提是否都已具备?

例8 已知数列 $\{a_n\}$ 的首项 $a_1 = a$, $a_n = \frac{1}{2}a_{n-1} + 1(n \in \mathbf{N}^*, n \geqslant 2)$,若 $b_n = a_n - 2(n \in \mathbf{N}^*)$,问:数列 $\{b_n\}$ 是否构成等比数列?

解 由题意,得 $b_1 = a_1 - 2 = a - 2$, $a_n = b_n + 2$.

∴ $b_n + 2 = \frac{1}{2}(b_{n-1} + 2) + 1$,

∴ $b_n = \frac{1}{2}b_{n-1}$, ①

∴ $\frac{b_n}{b_{n-1}} = \frac{1}{2}$, ②

∴ 数列 $\{b_n\}$ 构成等比数列.

这种解答是否正确呢? 在由①推出②时,等式两边同除以 b_{n-1},这种变形是允许的吗? 如果 $b_{n-1} = 0$ 呢? 实际上,本例应分下列两种情况分别讨论求解:①$b_1 = 0$ 即 $a = 2$ 时,数列 $\{b_n\}$ 不构成等比数列;②$b_1 \neq 0$ 即 $a \neq 2$ 时,数列 $\{b_n\}$ 构成等比数列.

例9 实数 p、q 在满足什么条件时,才能使一直角三角形两锐角 A、B 的正弦是方程 $x^2 + px + q = 0$ 的两个根?

解 由题意,得 $\begin{cases} \sin A + \sin B = -p, \\ \sin A \sin B = q, \end{cases}$ 即 $\begin{cases} \sin A + \cos A = -p, & ① \\ \sin A \cos A = q. & ② \end{cases}$

由 $①^2 - 2 \times ②$,得 $p^2 - 2q = 1$.

这种解答是否正确呢? 如果我们把实数 p、q 应满足的条件记为 M,直角三角形两锐角 A、B 的正弦是方程 $x^2 + px + q = 0$ 的根这一事件记为 N,则求出的 M 应同时满足 $M \Rightarrow N$, $N \Rightarrow M$. 即本题所求的是使 N 成立的充要条件 M. 但从原解答来看,仅仅求出了使 N 成立的必要条件. 实际上,即使有 $p^2 - 2q = 1$,例如 $p = \sqrt{5}$,$q = 2$ 时,方程 $x^2 + px + q = 0$ 甚至连实根都没有. 通过以上分析不难看出,p、q 的关系应由下列不等式组确定:

$$\begin{cases} \Delta = p^2 - 4q \geqslant 0, \\ p < 0, \\ q > 0, \\ p^2 - 2q = 1. \end{cases}$$

八、针对性检查法

对于某些题解的检查,特别是其中的隐蔽环节,必须要具有较强的针对性,否则是很难检查出来的. 因此,对这些环节应先予以审查,再"对症下药",才能收到事半功倍之效. 比如,关于题中变量的取值范围是否改变这类重大问题,学生常常容易忽略. 在检查作变量代换、将方程变形、求函数的定义域和值域、普通方程和参数方程的互化、直角坐标方程和极坐标方程的互化等这些题解时,重点是检查在变形过程中变量的取值范围是否改变.

例10 已知函数 $f(x) = \ln x - x^2 + x$,求函数 $f(x)$ 的单调区间.

解 由已知,得 $f'(x) = \dfrac{1}{x} - 2x + 1 = \dfrac{-2\left(x + \dfrac{1}{2}\right)(x - 1)}{x}$.

令 $f'(x) > 0$,得 $x < -\dfrac{1}{2}$ 或 $0 < x < 1$;

令 $f'(x) < 0$，得 $-\dfrac{1}{2} < x < 0$ 或 $x > 1$.

∴ 函数 $f(x)$ 在 $\left(-\infty, -\dfrac{1}{2}\right)$ 和 $(0, 1)$ 上单调递增，在 $\left(-\dfrac{1}{2}, 0\right)$ 和 $(1, +\infty)$ 上单调递减.

其实，稍加注意就会发现，将原函数求导后，x 的允许值范围扩大了，即将函数的定义域扩大了. 实际上，函数的单调区间应在定义域内来讨论，所以此题正确答案应为：函数 $f(x)$ 在 $(0, 1)$ 上单调递增，在 $(1, +\infty)$ 上单调递减.

当然，检查数学题解的方法还有很多，比如结论代入法也是很有效的方法. 最后值得指出的是，上述检查方法对于答案的正确性来说，仅仅是必要的而非充分的. 有些检查方法只能用来进行直觉估计，并不能完全保证题解正确，如量纲检查等. 尽管如此，这些方法仍不失为检查解答的常用而有效的方法. 当然，如果把两种或两种以上的方法结合起来，将收到相辅相成、事半功倍的效果，从而大大提高解题答案的正确性.

第二节　拔尖创新潜质生解题后反思的要求

著名数学教育家波利亚说过："数学问题的解决仅仅只是一半，更重要的是解题之后的回顾."所谓回顾，即我们现在说的反思. 培养学生对自己的解题过程进行反思的习惯，是提高学生解题思维的元认知水平和提高解题能力的最有效的方法. 对解题思路、解题过程的反思，可以帮助我们快速找出错误，以便及时改正. 对各类题型的反思，可以帮助我们总结、归纳和辨别、澄清与此题相关的问题，达到做一道题，会一类题的效果. 但是在解题后的反思过程中，由于缺乏具体指导，学生往往不知道反思什么，该怎么反思，反思只停留在将解题过程重新理解一遍，根本达不到反思效果. 由于数学对象的抽象性、数学活动的探索性、数学推理的严谨性和数学语言的特殊性，决定了学生必须要经过多次反复思考，深入研究，自我调整，即坚持反思性数学学习，才可能洞察数学活动的本质特征. 通过长期的教学实践，我们觉得有必要从以下几个角度实施反思.

一、反思解题过程中思维的切入点

俗话说："万事开头难."良好的开头是成功的一半,而解题要开好头的关键就是要找准思维的切入点.那么,怎样才能找准思维的切入点呢? 一般而言,应该先根据题目的条件和结论进行模式识别、差异分析和题目信息的转换、活用等思维活动,以便捕捉到问题的本质特征,进而寻求解题突破.在问题解答后,指导学生反思解题过程中思维的切入点是什么,这样有利于培养学生在解题过程探求思维的切入点的意识,促使解题思维更加精确化和概括化,使其在解题过程中能很快地找到解决问题的突破口.

例1 定义在 **R** 上的函数 $f(x)$ 对任意的 x 都 $f(x+3) \leqslant f(x)+3$, $f(x+2) \geqslant f(x)+2$,且 $f(1)=1$,则 $f(2005)$ 的值为(　　　).

(A) 2002　　　　(B) 2003　　　　(C) 2004　　　　(D) 2005

反思 受问题模式的误导,认为研究函数的周期是解决问题的关键,造成解题失败.认真观察两个条件不等式,易想到不等式的性质:$x \geqslant a$ 且 $x \leqslant a$,则 $x = a$.

∵ $f(2005) \leqslant f(2002)+3 \leqslant \cdots \leqslant f(1)+2004 \leqslant 2005$,

$f(2005) \geqslant f(2003)+2 \geqslant \cdots \geqslant f(1)+2004 \geqslant 2005$,

∴ $f(2005) = 2005$.

解决该问题思维的切入点在于应用不等式的性质:$x \geqslant a$ 且 $x \leqslant a$,则 $x = a$.

二、反思解题过程中所用的知识点、数学思想方法

引导学生在知识点、数学思想方法上回顾总结,使学生对知识应用的理解更加深刻,使学生获得一次基本数学思想方法的熏陶,从而更好地掌握数学基本思想方法,切实体验到数学思想方法对解题的指导作用.

例2 已知函数 $f(x) = \begin{cases} \left(\dfrac{1}{2}\right)^x - 2, & x \leqslant -1, \\ (x-2)(|x|-1), & x > -1, \end{cases}$ 如果方程 $f(x) = a$

有四个不同的实数根,求实数 a 的取值范围.

反思　方程 $f(x)=a$ 解的个数就是函数 $y=f(x)$ 与函数 $y=a$ 的图象交点的个数,函数 $y=f(x)$ 的图象如图 7-2-1 所示,由图象可知 $a\in(0,2)$. 在解决问题过程中用到数形结合的思想方法,这是在求解参数的取值范围、方程根的个数等问题中常用到的思想方法.

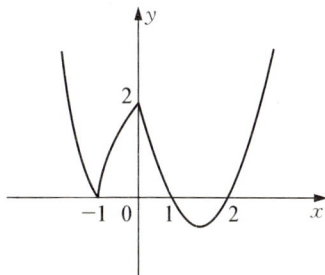

图 7-2-1

三、反思解题过程中所用的数学技能与技巧

学生在解题过程中常遇到这种情况:一个问题分析得很到位,解题思路和方法也正确,但由于技能与技巧相对薄弱,导致解题失败.因此反思解题过程中所用的技能与技巧十分必要,可将技能与技巧规律化,强化基本技能.

例3　已知数列 $\{a_n\}$ 中,$a_1=3$,$a_{n+1}=2a_n+1$,求 $\{a_n\}$ 的通项公式.

反思　要求 $\{a_n\}$ 的通项公式,需构造一个关于 a_n 的基本数列,由于 $a_{n+1}=2a_n+1$ 是线性递推式,将 $a_{n+1}=2a_n+1$ 构造成模型 $a_{n+1}-m=2(a_n-m)$,其中 m 就是直线 $y=2x+1$ 与 $y=x$ 的交点的横坐标. 该技巧可以作为解决线性递推式问题的解题规律.

四、反思解题过程中的易错点

学生在解题过程中常常由于对基础知识的理解不深刻或由于思维定势的影响,造成解题错误.因此反思解题过程中的易错点,可以给自己提供一个对基础知识重新理解的机会,从而更加深刻理解基本知识,破解解题思维定势.

例4　已知 $f(x)=x^3+ax^2+bx+a^2$ 在 $x=1$ 处有极值为 10,则 $a+b=$ _____.

反思　本题极易出现如下错解:由 $f(x)=x^3+ax^2+bx+a^2$ 得 $f'(x)=$

$3x^2 + 2ax + b$，由题意知 $\begin{cases} f'(1) = 3 + 2a + b = 0, \\ f(1) = 1 + a + b + a^2 = 10, \end{cases}$ 解得 $\begin{cases} a = 4, \\ b = -11, \end{cases}$ 或

$\begin{cases} a = -3, \\ b = 3, \end{cases}$

$\therefore a + b = -7$ 或 $a + b = 0$.

出现以上错解是由于"函数 $y = f(x)$ 在 $x = x_0$ 处的导数值为 0"是"函数 $y = f(x)$ 在点 $x = x_0$ 处取极值"的必要条件，而非充分条件，但解题中却把"可导函数 $y = f(x)$ 在 $x = x_0$ 处取极值"的必要条件误作充要条件. 对于给出函数极大（小）值的条件，一定既要考虑 $f'(x_0) = 0$，又要考虑检验"左正右负"（"左负右正"）的转化，否则易产生增根. 本题正确答案应为 $a + b = -7$.

五、反思解题的探究过程

反思解题的探究过程，应着重反思"为什么这么想"及"思维障碍如何突破". 我国数学教育家傅种孙先生说过："几何之务不在知其然，而在知其所以然，不在知其所以然，而在知其何由以所以然."所谓"知其何由以所以然"就是要知道"如何想到这个结论和方法的"，也就是要引导学生反思"为什么这么想"及"获取知识、结论、方法的途径及思维过程"，从而提高学生的元认知能力，使学生的解题思维进入理性阶段.

例 5 设直线 $x + y = 2a - 1$ 与圆 $x^2 + y^2 = a^2 + 2a - 3$ 的交点为 (x_0, y_0)，当 $x_0 y_0$ 取最小值时，求实数 a 的值.

反思 当 a 的值确定时，$x_0 y_0$ 的值也随之确定，因此想到将 $x_0 y_0$ 表示为关于 a 的函数 $f(a)$，如何将 $x_0 y_0$ 表示为关于 a 的函数呢？将交点 (x_0, y_0) 用 a 表示后再代入可谓"前途光明，但道路曲折"；若把 (x_0, y_0) 代入直线方程并平方得 $x_0^2 + y_0^2 + 2x_0 y_0 = 4a^2 - 4a + 1$，再代入圆的方程得 $x_0^2 + y_0^2 = a^2 + 2a - 3$，将两式相减可得 $x_0 y_0 = \dfrac{3}{2}a^2 - 3a + 2$，再根据题目条件确定函数的定义域，问题便得以解决. "为什么这么想"的理由是 $x_0 y_0$ 根据 a 的变化而变化，"思维障碍突破"的关键在于应用整体思想方法将 $x_0 y_0$ 表示为关于 a 的函数.

六、反思解题方法

高考注重对通性通法的考查,淡化特殊技巧,因此解题后应注重反思典型问题的解题规律和方法,从而掌握一个类型问题的解题规律.

例 6 已知函数 $f(x)=a_1x+a_2x^2+\cdots+a_nx^n(n\in \mathbf{N}^*)$,且 $a_1,a_2,a_3,\cdots,a_n$ 构成数列 $\{a_n\}$,又 $f(1)=n^2$.

(1) 求数列 $\{a_n\}$ 的通项公式;

(2) 求证:$f\left(\dfrac{1}{3}\right)=1-\dfrac{n+1}{3^n}$.

反思 由 $f(1)=n^2$,得 $a_1+a_2+\cdots+a_n=n^2$,即 $S_n=n^2$,再由 $a_n=\begin{cases} S_1 & (n=1), \\ S_n-S_{n-1} & (n\geqslant 2), \end{cases}$ 得数列 $\{a_n\}$ 的通项公式 $a_n=2n-1$;又 $f\left(\dfrac{1}{3}\right)=1\cdot\dfrac{1}{3}+3\cdot\left(\dfrac{1}{3}\right)^2+\cdots+(2n-1)\cdot\left(\dfrac{1}{3}\right)^n$,从式子的结构来看,将其两边同时乘以 $\dfrac{1}{3}$ 得 $\dfrac{1}{3}\cdot f\left(\dfrac{1}{3}\right)=1\cdot\left(\dfrac{1}{3}\right)^2+\cdots+(2n-3)\cdot\left(\dfrac{1}{3}\right)^n+(2n-1)\cdot\left(\dfrac{1}{3}\right)^{n+1}$,将两式错项相减得 $\dfrac{2}{3}\cdot f\left(\dfrac{1}{3}\right)=\dfrac{2}{3}-\dfrac{2n+2}{3^{n+1}}$,从而 $f\left(\dfrac{1}{3}\right)=1-\dfrac{n+1}{3^n}$.应用 a_n 与 S_n 的关系式 $a_n=S_n-S_{n-1}(n\geqslant 2)$ 和错项相减法是该典型问题的解题规律.

七、反思问题的本质

新课程理念强调问题的本质,但注意适度形式化.解决问题以后再反思其实质,可使学生比较容易地抓住问题的本质,加强本质与形式之间的内在联系,在知识联系中使问题逐渐深化.

例 7 在面积为 1 的 $\triangle PMN$ 中,$\tan\angle M=\dfrac{1}{2}$,$\tan\angle N=2$,建立适当的直角坐标系,求出以 M、N 为焦点且经过点 P 的椭圆方程.

反思 根据题目条件,$\triangle PMN$ 的形状与大小确定,而一旦解出 $\triangle PMN$,M、N、P 的坐标就可确定,从而可求以 M、N 为焦点且经过点 P 的椭圆方程,因此该题的本质就是"解 $\triangle PMN$".

数学问题的形式是多样的,有些题的形式虽然不一样,但可归结到一种题型上去,通过一道题的解决,可以达到会解一类题的目的,所以解题后要反思题目本质,并进行归类,总结通解通法.

例8 已知关于 x 的方程 $\sin^2 x + a\cos x - 2a = 0$ 有实数解,求实数 a 的取值范围.

分析 原题等价于"求函数 $a = \dfrac{\sin^2 x}{2 - \cos x}$ 的值域",易知

$$
\begin{aligned}
a &= \frac{1 - \cos^2 x}{2 - \cos x} = \frac{4 - \cos^2 x - 3}{2 - \cos x} \\
&= 2 + \cos x - \frac{3}{2 - \cos x} \\
&= -\left[2 - \cos x + \frac{3}{2 - \cos x} \right] + 4 \\
&\leqslant 4 - 2\sqrt{3},
\end{aligned}
$$

又 $2 - \cos x \in [1, 3]$,故 $0 \leqslant a \leqslant 4 - 2\sqrt{3}$.

再如以下三题:

(1) 若方程 $x^2 - ax + 2a - 1 = 0$ 在 $x \in [-1, 1]$ 上有实数解,求 a 的取值范围;

(2) 求函数 $y = \dfrac{1 - x^2}{2 - x}$ ($|x| \leqslant 1$) 的值域;

(3) 实数 a 为何值时,圆 $(x+2)^2 + y^2 = 1$ 与抛物线 $y^2 = -ax$ 有交点?(设 $x + 2 = \cos\theta,\ y = \sin\theta$)

反思 上述四题都是围绕着求 $\dfrac{\sin^2 x}{2 - \cos x}$ 的值域这一核心问题进行变化和延伸的,核心问题解决了,各个问题也就不攻自破.

八、反思解题方法的多样性

反思解题方法的多样性,从中寻求最佳解题方法. 数学知识纵横交错有机

联系,解题思路灵活多变,解题途径方法繁多. 即使一次性解题合理正确,也未必能保证一次性解题就是最优最简捷的解法. 因此不能解完题就罢手,如释重负. 正因为很多数学问题有多种解法,所以解题后要多角度思考,看是否还有其他解法. 通过寻找新的方法,可以开拓思路,培养学生思维的发散性,防止思维定势. 通过反思和提炼,引导学生领悟数学思想的实质,总结出各类解题技巧,养成"从优、从快"的解题品质.

例 9 已知函数 $f(x) = \sqrt{1+x^2}$,若 $a \neq b$,求证:$| f(a) - f(b) | < | a-b |$.

分析一 原不等式即 $| \sqrt{1+a^2} - \sqrt{1+b^2} | < | a-b |$,

要证此不等式成立,平方后即证.

$$1 + a^2 + 1 + b^2 - 2\sqrt{1+a^2} \cdot \sqrt{1+b^2} < a^2 + b^2 - 2ab,$$

即 $1 + ab < \sqrt{1+a^2} \cdot \sqrt{1+b^2}$.

当 $1 + ab \leqslant 0$ 时,不等式恒成立;

当 $1 + ab > 0$ 时,即要证 $1 + a^2 b^2 + 2ab < (1+a^2)(1+b^2)$,

即证 $2ab < a^2 + b^2$.

由 $a \neq b$,知此式成立,而上述各步都可逆,命题得证.

分析二 原不等式即 $\dfrac{| a^2 - b^2 |}{\sqrt{1+a^2} + \sqrt{1+b^2}} < | a-b |$,

又 $a \neq b$,即只要证 $| a+b | < \sqrt{1+a^2} + \sqrt{1+b^2}$.

由于 $| a+b | \leqslant | a | + | b | < \sqrt{1+a^2} + \sqrt{1+b^2}$ 成立,知命题得证.

分析三 设 $y = \sqrt{1+x^2}$,则 $y^2 - x^2 = 1(y \geqslant 0)$ 是顶点为 $(0,1)$ 的双曲线的上支.

由于双曲线的两条渐近线为 $y = \pm x$,其斜率为 ± 1,则双曲线上支上的两点 $A(a, f(a))$ 和 $B(b, f(b))$ 的连线的斜率 $| k_{AB} | = \left| \dfrac{f(a) - f(b)}{a-b} \right| < 1$,即有 $| f(a) - f(b) | < | a-b |$ 成立.

分析四 由于 $\sqrt{1+a^2}$ 表示点 $O(0,0)$ 与 $A(1,a)$ 之间的距离 $| OA |$,$\sqrt{1+b^2}$ 表示点 $O(0,0)$ 与 $B(1,b)$ 之间的距离 $| OB |$,而 $| AB | = | a-b |$,由

于 $a \neq b$,即 A、B 不重合,故必有 $||OA|-|OB||<|AB|$,即 $|f(a)-f(b)|<|a-b|$ 成立.

反思 学生解题时常常解法单一、思路狭窄、叙述冗长,把简单问题复杂化,而且很容易满足于一种解法.我们在解题时不能只满足单一的解法,要进一步从各种不同的角度去思考,以得到不同的启示,从而得出多种不同的解法,再从中选出最佳的一种,这样就可以拓宽学生的思维,培养学生思维的广阔性和创新性.

九、反思问题的拓展延伸

学数学,离不开解题,问题是数学的心脏,解题是数学的根本.在解题后,有必要总结解题规律,注意问题的拓展延伸,重视知识的迁移和应用,反思题目所含知识的系统性,养成问题意识,将问题从特殊化向一般化推进,从而培养学生的问题意识与探究能力.

例 10 已知函数 $y=f(x-1)$ 是偶函数,则函数 $y=f(x)$ 的图象关于( ).

(A) 直线 $x=-1$ 对称   (B) 直线 $x=1$ 对称

(C) 点$(-1,1)$对称   (D) 点$(1,1)$对称

反思 由于 $y=f(x-1)$ 为偶函数,所以 $f(x-1)=f(-x-1)$,可得函数 $y=f(x)$ 的图象关于直线 $x=-1$ 对称.可将此问题做如下延伸:若 $y=f(x+a)$ 是偶函数,则 $y=f(x)$ 的图象关于直线 $x=a$ 对称;若 $y=f(x+a)$ 是奇函数,则 $y=f(x)$ 的图象关于点$(a,0)$中心对称.若 $y=f(x+a)+b$ 是偶函数,则 $y=f(x)$ 的图象仍关于直线 $x=a$ 对称;若 $y=f(x+a)+b$ 是奇函数,则 $y=f(x)$ 的图象仍关于点(a,b)中心对称.

解出一道数学题的答案并不是解题思维活动的结束,而是更深入探究的开始.每一次解题后教师要引导学生对设置的问题进行反思,这些问题有些是相融的,可让学生选择最重要的进行反思.学生经过多次的反思与总结,解题思维就会在更高的层次上进行再概括,由此进入理性的认识阶段,从而提高解题能力.总之,解题后注重反思能培养良好的思维品质,这样既可促进"双基"的掌

握,又能加强知识的有效迁移,从而提高解题能力.

　　数学解题活动是一个联想所学知识、运用数学思想方法、确定解题切入点、监控解题调节点、审视解题反思点,不断由低级向高级逐步抽象的复杂的心理过程,因而解题者在解题过程中的思维活动应逐渐由数学知识、思想方法这些相对具体的层面,向数学观念、解题策略等更为抽象的层次发展,以使解题者能从更高的观点、更宽的视野、更理性的角度,去思考数学问题,领悟数学哲理.

第八章

···

拔尖创新潜质生的数学学法指导

第一节　拔尖创新潜质生学法指导的意义

一、学法指导的含义

　　学习者在学习过程中,不仅要了解学习的目的、内容、结果,还须了解学习的正确方法.学法指导,也就是学习方法的正确指示和引导.通常是指有一定学习经验(上升到理论)的人对学习者作学习方法的传授、引导、诊治,使学习者掌握合理、科学、有效的学习方法,并能够运用于他们的学习之中,逐步形成自己高效的学习方法和能力,也就是常说的"授之以鱼,不如授之以渔".

二、创新潜质生学法指导的意义

　　(一)学法指导是关系到创新潜质生终身发展的重要因素,因为掌握科学的学习方法就是学会学习,随着社会发展,不断获取新知识才是为社会多作贡献的立身之本.

　　(二)学法指导是培养创新潜质生的学习能力的核心因素,法国数学家笛卡尔曾经说过:"具有价值的知识是学习方法的知识."学法指导就是调动创新潜质生学习的积极性和主动性,激活其思维,使之掌握学习方法,提高学习能力,从而为其发挥自己的聪明才智提供必要条件.

（三）学法指导是发挥创新潜质生主观能动性的必要条件.有了科学的学法,他们就会有扎实的基础、敏锐的思维,学习起来就会得心应手,从而不断有成功的体验,增加奋发向上、勇往直前、开拓进取的信心和内动力.

（四）学法指导是培养具有国际竞争力人才的必要条件.在科技和信息迅猛发展的今天,只有具备快速获取新知识和新信息的学习能力,不断更新知识,才能不至于落后,才能成为开拓型人才."未来的文盲将不是目不识丁的人,而是那些没有掌握学习方法,不会学习的人."

（五）学法指导有益于培养良好的学习习惯,学习习惯是影响学生学习效率的重大因素,我们常说的良好的学习习惯包括：

1. 制定好学习（或提高）计划,明确学习目标,合理安排学习时间；

2. 课前预习,培养自学能力,掌握学习的主动权；

3. 上课专心听讲,知识、技能、方法大多是在教师教学过程中得到的；

4. 及时复习是高效学习的重要环节,其要点是课后回忆、精读教材、整理笔记、反复复习；

5. 独立作业是通过自己独立思考、分析问题、解决问题,进一步加深对所学新知识的理解和所学新技能的掌握的过程；

6. 整理错题集是提高能力的一个有效办法,要注重错因分析,通常的错因有基础知识不扎实、基本的解题方法没有掌握、审题不仔细、运算能力差、粗心大意等；

7. 系统小结,达到全面系统深刻地掌握知识、技能和方法；

8. 课外学习是课内学习的补充和延续,它不仅能丰富创新潜质生的文化科学知识,加深和巩固其课内所学知识,而且能够满足和发展他们的兴趣爱好,培养其独立学习能力,激发其求知欲与学习热情.

第二节　拔尖创新潜质生数学学法指导的原则

一、因材施教原则

创新潜质生虽然整体知识基础好、反应快,但仍然存在很大的个体差异,比如说他们的学习习惯、学习毅力、学习环境、学习兴趣等都可能完全不同. 我们要针对其实际特点和问题,对症下药进行指导.

（一）根据学习年级不同,可从他们的实际年龄和心智年龄出发,制定适合他们的学法.尊重其兴趣爱好,切不可拔苗助长.

（二）根据学习类型差异,可把创新潜质生分成下列类型:

1. 优良型:"双基"扎实、学风踏实、学习有法、智力较高、成绩稳定在优秀水平.

2. 松散型:学习能力强,但不主动,学习不够踏实,"双基"不够扎实,数学成绩不稳定.

3. 认真型:学习刻苦认真,但方法较死板,数学能力较差,数学基础不够扎实,数学成绩上不去.

4. 落后型:脑袋聪明,其他学科总体成绩还好,但对数学无兴趣,不肯下功夫,数学底子差,方法谈不上,能力弱,成绩差.

针对以上不同类型,指导方法和重点不同:

对优良型:侧重帮助他们总结,并自觉调整学习方法.

对松散型:主要解决学习态度问题,鼓励他们发现自身问题,稍作努力就会有很大的进步.

对认真型:主要解决学习方法问题,鼓励他们找到适合自己的学习方法.

对落后型:主要解决兴趣、自信心和具体方法问题. 他们已经是创新潜质生了,数学学科绝不能拖后腿.

二、循序渐进原则

创新潜质生的数学能力整体上较好,他们在学习数学过程中如果还存在一些问题和差距,跟过去一些不良的习惯和思维方式肯定有必然联系,我们就要耐心细致地观察他们、了解他们,从大局出发,制定周密、切实可行的计划和方案,采用渗透的办法,让他们慢慢地、不知不觉地走上爱数学、学数学的道路. 有道是润物细无声乃上上之策.

三、情意驱动原则

需要、兴趣、好奇心、求知欲、意志力、毅力、数学信念等对数学学习有着直接的影响.学习是以问题为载体,以探究为手段,以知识的应用价值为驱动力的,教师应有意识、多方面、多层次地培育学生学习的心理需求,进而为思维的培养和问题的解决提供强大动力和心理保障.

四、注重过程原则

知识有一个萌芽生长、开花结果的过程,注重知识形成与创造的过程是引导和帮助学生学会学习、学会创造的根本途径,是促进学生热爱数学、享受学习的有效办法,把"成熟的、成年的"知识硬塞给学生会造成学生消化不良.

五、激励自主探索原则

教师要成为学生学习活动的引导者和组织者.作为引导者,引导时要做到含而不露、指而不明、开而不达、引而不发,变"牵着学生走"为"推着学生走",变"给学生压力"为"给学生动力",用鞭策、激励、赏识等手段促进学生主动发展.为此,教师在教学中,必须充分调动学生学习的积极性和主动性,因势利导,尽量展示数学问题思维的全过程,鼓励学生有质疑的精神,有自己的思考与创新,引导他们善于用批判的眼光看待事物,能够透过现象看本质,学会在过程中理解,在理解中体验,在体验中感悟,在感悟中成长.作为组织者,应该重视学生,诱导学生内在的主动性,放手让学生表现自己的独立性,为学生提供学习过程中合作交流的空间与时间,这种合作交流的空间与时间是最重要的学习资源.我们在教学中不能仅满足于知识的传授,而应注重用一连串问题来组织教学;利用问题放手让学生通过独立思考以及师生的交流来获取知识,在一次次的思维碰撞过程中不断地否定自己并完善自己,逐步培养发现问题、解决问题的能力.

第三节　拔尖创新潜质生的基本数学学习方法

一、学习的计划性

在数学学习上既要有长期的规划，又要有近期的打算. 长期规划是从创新潜质生的主客观情况出发确定阶段学习目标和重点，通常以一个学期为宜. 近期打算要具体到每周每日的学习安排. 这一周完成哪些任务、学习多少时间、重点是什么都要有明确的安排. 睡觉之前要用几分钟看看明天的计划，回顾一下当天任务的完成情况. 要合理地安排时间.

二、课内学习方法

学生学习期间，在课堂的时间占了一大部分. 因此听课的效率如何，决定着学习的基本状况，提高听课效率应注意以下几个方面：

(一) 养成课前预习的习惯

预习中发现的难点，就是听课的重点；对预习中遇到的没有掌握好的有关的旧知识，可进行补缺，以减少听课过程中的困难；把自己在预习中理解了的内容与教师的讲解进行比较、分析，以提高自己的思维水平；预习还可以培养自己的自学能力.

(二) 落实听课的科学性

首先应做好课前的物质准备和精神准备，以便上课时不至于出现书本等物丢三落四的现象；上课前也不应做过于激烈的体育运动或看小说、下棋、打牌、激烈争论等，以免上课时还喘吁吁，或不能平静下来.

其次就是听课要全神贯注. 全神贯注就是全身心地投入课堂学习，耳到、眼到、心到、口到、手到.

耳到:就是专心听讲,听教师如何讲课,如何分析,如何归纳总结,另外,还要听同学的答问,看是否对自己有所启发.

眼到:就是在听讲的同时看课本和板书,看教师讲课的表情、手势和演示实验的动作,深刻理解教师所要表达的思想.

心到:就是用心思考,跟上教师的数学思路,分析教师是如何抓住重点、解决疑难的.

口到:就是在教师的指导下,主动回答问题或参加讨论.

手到:就是在听、看、想、说的基础上划出课文的重点,记下讲课的要点以及自己的感受或有创新思维的见解.

若能做到上述"五到",精力便会高度集中,课堂所学的一切重要内容便会在自己头脑中留下深刻的印象.

三、课后学习方法

(一) 及时复习

复习的有效方法不是一遍遍地看书或笔记,而是采取回忆式的复习:先把书和笔记合起来回忆上课时教师讲的内容. 然后打开笔记与书本,对照一下还有哪些没记清的,把它补起来,使得当天上课的内容得到巩固,同时也就检查了当天课堂听课的效果如何,也为改进听课方法及提高听课效果提供必要的改进启示.

(二) 做好单元复习

学习一个单元后应进行阶段复习,复习方法也同及时复习一样,采取回忆式复习,然后与书、笔记相对照,使其内容完善,最后应做好单元小节.

(三) 单元小结

单元小结内容应包括以下部分:

1. 本单元(章)的知识网络;

2. 本单元的基本思想与方法(应以典型例题形式将其表达出来);

3. 自我体会:对本单元内自己做错的典型问题应有记载,并分析其原因;应记录本单元你觉得最有价值的思想方法或例题,以及你还存在的未解决的问题,以便今后将其补上.

(四) 重视解题反思

在准确地把握住基本知识和方法的基础上做一定量的练习是必要的,但要重视解题反思,即思考一下本题所用的基础知识、数学思想方法是什么;为什么要这样想,是否还有别的想法和解法;本题的分析方法与解法,在解其他问题时,是否也用到过,把它们联系起来,你就会得到更多的经验和教训.

无论是作业还是测验,都应把准确性放在第一位,通法放在第一位,而不是一味地去追求速度或技巧,这是学好数学的重要因素.

(五) 整理错题集

建议用一个大本子,把每次大小考试的错题、平时见到的好题、巧思妙解等让人耳目一新的题都记录下来,或者直接把错题剪下来,贴到本子上,下面再记错的原因和正确解法. 更重要的是把对每道题的理解认识及拓展(红笔批注)记录下来. 错题集对学习是最重要的法宝与财富,一定要重视,也可以将错题集与学习笔记合二为一.

四、课外学习方法

(一) 数学阅读

除了课堂上认真听讲之外,还应重视课外阅读. 对数学课外书籍应分如下四步进行阅读:

1. 浏览

先看扉页上的书名、作者,然后看内容提要、目录,或编者的话、结语等,以求对全书内容作大致的了解.

2. 精读

至少要读两遍,第一遍是从头到尾逐字逐句地读,对全书内容形成一个完整的印象;第二遍,对书中特别精彩的部分反复阅读、理解,要懂得书中的基本概念,懂得每一章节的内涵,理解书中的名词、术语、公式、定理;要搞清知识内容的来龙去脉及前后知识的逻辑联系,使之连贯一气,成为体系;还要对原书内容加以深化和再创造,使死的知识变为活的动力,当书本的主人,不当书本的奴隶,最好还能读出书中没有的东西,从明见暗,从是见非,从含蓄中见真情,从理解思索中找规律、找发现.

3. 摘抄

注意将书中精彩的部分、有用的知识,摘抄在自己的读书笔记本上,这样做,一是积累知识、资料,对今后的学习以至研究大有益处;二是可加深记忆,使读过的书不易忘记;三是为使用方便,以后只要翻看读书笔记,就能清晰地回想起书中的主要精神实质.

4. 讨论

如果几个同学都读同一本书,建议读完后集中起来,畅所欲言,交流心得体会、意见、收获、思想认识,通过取长补短,互相促进. 交流认识,就等于又把书的内容重新温习了一遍,这对进一步加深对书中重点内容的记忆、理解大有裨益.

(二) 数学写作

言能明我志,笔能行我文,才能称我职,德能帅我才,这是我们对创新潜质生的殷切希望.数学学习日记、数学知识与方法的整理、数学小论文、研究性学习报告、数学学习方法总结、解题分析、数学学习经验介绍等,都是有数学味的写作与交流,还可以向数学专业报刊投稿. 例如:宜宾市一中新 10 级 11 班满璟刘同学整理的"裂项与放缩素材"(见附录三),对求解导数、数列、不等式的难题有很好的帮助.

(三) 合作交流

明代学者顾炎武曾说过:"独学无友,则孤立而难称,久处一方习染而不自觉."这就点明了合作学习的重要意义. 教师应鼓励创新潜质生提出与别人不同的见解,敢于打破常规,另辟蹊径,独树一帜,但要说出根据,绝不是胡思乱想、信口开河. 还要鼓励他们相互评价.

五、寻找最佳数学学习方法

学习方法因人而异,但学习的四个环节(预习、上课、作业、复习)和一个步骤(归纳总结)是少不了的. 我们用口诀的方式将科学的学习方法总结概括如下:

课前要预习,听课易入脑.

温故能知新,歧义见分晓.

自学新内容,要把重点找.

问题列出来,听课有目标.

听课要专心,努力排干扰.

扼要做笔记,动脑多思考.

课后须复习,回忆第一条.

看书要深思,消化细咀嚼.

重视做作业,切勿照搬抄.

编织知识网,简洁又明了.

附录一

波利亚数学解题表

弄清题意

1. 弄清题意

1.1 未知的是什么？已知的是什么？条件是什么？条件能被满足吗？要确定未知,条件充分吗？有无多余？有无矛盾？

1.2 画出图形;引进适当符号.

1.3 把条件分成几部分,能写出来吗？

拟订方案

2. 寻求已知与未知间的联系. 如果找不出直接联系,可考虑辅助问题,最终得到一个求解方案

2.1 你以前见过此题吗？是否见过形式上略有不同的题？

2.2 你是否知道与此有关的题？是否知道可用的定理？

2.3 注意未知! 考虑一个你熟悉的具有相同或类似未知量的题目.

2.4 这是一个已经解出的有关的题目,能用它吗？能用其结果吗？为了用它,能引入辅助元吗？

2.5 能否重述此题？能用不同的方法重述吗？

2.6 回到定义.

2.7 如果解不出此题,可先解一道有关题. 能否想一道易于下手的有关题？一个较一般的题？一个较特殊的题？一个类似题？

2.8 能否解此题的一部分？只考虑一部分条件,你能从未知推导出一些有用的东西吗？能否找出可用于确定未知的其他已知？如需要,能否变换未知、已知或二者,使它们更接近？

2.9 是否用了全部已知？是否用了全部条件？是否考虑了题目中的全部必需的概念？

执行方案

3. 执行你的方案 $\begin{cases} 3.1 & 执行你的解题方案；检验每一步. \\ 3.2 & 能否看出这一步是正确的？能否证明这一步 \\ & 是正确的？ \end{cases}$

回　顾

4. 检验所得的解 $\begin{cases} 4.1 & 能否检验这个论证？能否换个方法推导？ \\ & 能否一眼看出结果？ \\ 4.2 & 能否把这个结果或方法用于其他题目？ \end{cases}$

数学解题方法系统表

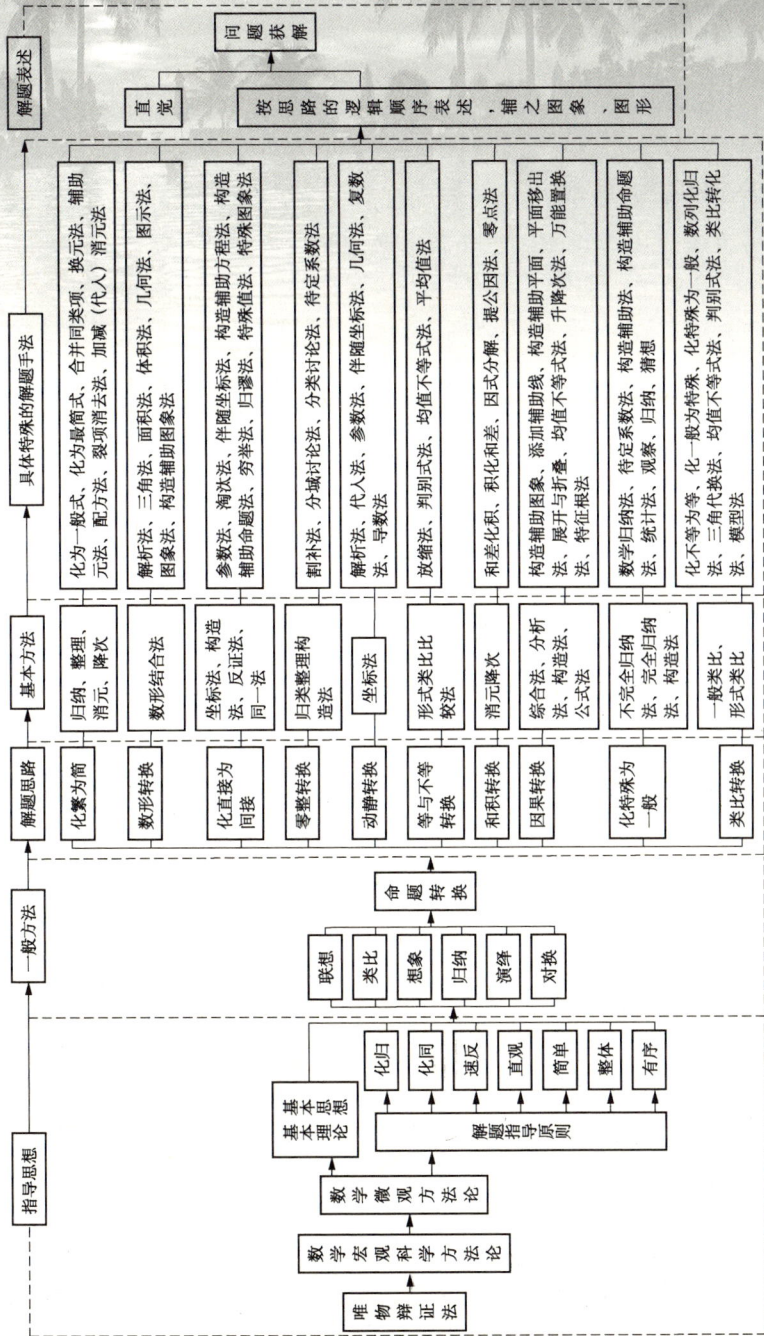

问题获解

解题表达

直觉

按思路的逻辑顺序表达，辅之图象、图形

指导思想　一般方法　解题思路　基本方法　具体特殊的解题手法

唯物辩证法

数学宏观科学方法论

数学微观方法论

基本理论思想

解题指导原则

化归　化同　速反　直观　简单　整体　有序

联想　类比　想象　归纳　演绎　对换

命题转换

化繁为简 —— 归纳、整理、消元、降次 —— 化为一般式、化为最简、配方法、裂项消去法、加减（代入）消元法、辅助元法、换元法、辅助元法

数形转换 —— 数形结合法 —— 解析法、三角法、面积法、体积法、几何法、图示法、构造辅助图象法

化直接为间接 —— 坐标法、构造法、反证法、同一法 —— 参数法、淘汰法、伴随坐标法、构造辅助命题法、归谬法、劳举法、构造辅助方程法、构造特殊值法、特殊图象法

零整转换 —— 归类整理构造法 —— 割补法、分域讨论法、分类讨论法、待定系数法

动静转换 —— 坐标法 —— 解析法、代入法、参数法、伴随坐标法、几何法、复数、号数法

等与不等转换 —— 形式类比较法 —— 放缩法、判别式法、均值不等式法、平均值法

积式转换 —— 消元降次 —— 差化积、积化和差、因式分解、提公因法、零点法

因果转换 —— 综合法、分析法、构造法、公式法 —— 构造辅助图象、构造辅助线、添加辅助平面、构造辅助平面、展开与折叠、升降次法、平面移出法、均值不等式法、万能置换法、特征根法、构造辅助命题

化特殊为一般 —— 不完全归纳法、完全归纳法、构造法 —— 数学归纳法、待定系数法、构造法、统计法、观察、归纳、猜想

类比转换 —— 一般类比、形式类比 —— 化不等为等、化一般为特殊、化特殊为一般、三角代换法、均值不等式法、数列归类法、判别式法、模型法、类比转化

附录三

裂项与放缩

宜宾市一中新 10 级 11 班　满璟刘　整理

一、等差数列裂项放缩

（一）基础型

1. $\dfrac{1}{n(n+p)}$ 类型.

构造轮换式，将 $\dfrac{1}{n(n+p)}$ 写成 $q\left(\dfrac{1}{n}-\dfrac{1}{n+p}\right)$.

将 q 待定系数 $\Rightarrow \dfrac{1}{n(n+p)}=\dfrac{1}{p}\left(\dfrac{1}{n}-\dfrac{1}{n+p}\right)$.

2. $\dfrac{1}{n(n+1)(n+2)(n+3)}$ 类型.

$\because (n+p)(n+q)=n^2+(p+q)n+pq$,

$\therefore$ 需要构造出两对使 $p+q$ 相同的通项，从而将 $(p+q)n$ 相减，只留下常数项，

$\therefore \dfrac{1}{n(n+1)(n+2)(n+3)}=p\left(\dfrac{1}{n(n+3)}-\dfrac{1}{(n+1)(n+2)}\right)$.

将 p 待定系数 $\Rightarrow \dfrac{1}{n(n+1)(n+2)(n+3)}=\dfrac{1}{2}\left(\dfrac{1}{n(n+3)}-\dfrac{1}{(n+1)(n+2)}\right)$.

（二）复合型

1. $B_n=\dfrac{n+2}{2^n(n+1)n}$.

此类皆需裂项成轮换式，从而使其具有流动性.

$B_n=\dfrac{n+2}{2^n(n+1)n}=p_1\left(\dfrac{1}{2^n n}-\dfrac{1}{2^{n+1}(n+1)}\right)$（或 $p_2\left(\dfrac{1}{2^{n-1}n}-\dfrac{1}{2^n(n+1)}\right)$）.

如 $B_n = \dfrac{n+2}{2^n(n+1)n} = \dfrac{1}{2^{n-1}n} - \dfrac{1}{2^n(n+1)}$.

2. $B_n = \dfrac{2^n}{(2^{n-1}+1)(2^n+1)} = p\left(\dfrac{1}{2^{n-1}+1} - \dfrac{1}{2^n+1}\right)$.

待定 p 的系数 $\Rightarrow B_n = 2\left(\dfrac{1}{2^{n-1}+1} - \dfrac{1}{2^n+1}\right)$.

(三) 有时 p 的取值为 $m(n)$ 的函数,如 $m(n) = 3n+2$,此类一般需要 1～2 步的放缩

$\dfrac{1}{(3n-2)^2}$ 类似于 $\dfrac{1}{f(n)f(n+1)}$,

$\therefore$ 设法将 $(3n-2)^2$ 放缩为 $f(n)f(n+1)$.

为了产生轮换,具有流动性,

$\therefore$ 将 $(3n-2)^2$ 放缩到 $(3n-p)(3n-q)$,$|p-q| = 3$(公差).

又 $\because (3n-2)^2 > (3n-1)(3n-4)$,

$\therefore \dfrac{1}{(3n-2)^2} < \dfrac{1}{3}\left(\dfrac{1}{3n-4} - \dfrac{1}{3n-1}\right)$.

再根据题意求和.(此类一般为证明题)

(四) $\dfrac{1}{2^n-1}$ 型

此类解题方向多种 $\begin{cases} 1.\ \text{放缩到等比数列}; \\ 2.\ \text{构造裂项通项}. \end{cases}$

裂项通项 $\begin{cases} (1)\ 2^n\ \text{与}\ n^2\ \text{的放缩}:2^n \geqslant n^2(n \geqslant 4); \\ (2)\ 2^n、\left(\dfrac{3}{2}\right)^n\ \text{的放缩}:\text{利用二项式定理}\ 2^n \geqslant C_n^0 + C_n^1 + \cdots + C_n^n \\ \qquad \geqslant 1 + n + \dfrac{n(n-1)}{2} \cdots\cdots \text{从而构造出}\ pn(n+q)\ \text{型裂项}; \\ (3)\ \text{将}\ \dfrac{1}{2^n-1}\ \text{构造成}\ \dfrac{1}{f(n)f(n+1)}\ \text{型},\text{将}\ \dfrac{1}{2^n-1}\ \text{构造成} \\ \qquad p\left(\dfrac{1}{f(n)} - \dfrac{1}{f(n+1)}\right)\text{型},\text{从而裂项}. \end{cases}$

$\therefore \dfrac{1}{2^n-1} = \dfrac{2^{n+1}-1}{(2^n-1)(2^{n+1}-1)} < \dfrac{2^{n+1}}{(2^n-1)(2^{n+1}-1)} = 2\left(\dfrac{1}{2^n-1} - \dfrac{1}{2^{n+1}-1}\right)$.

(不等式处需放缩)

（五）$\dfrac{n+2}{n(n+1)2^{n+1}}$（此类同样构造成轮换式）

$$\dfrac{n+2}{n(n+1)2^{n+1}} = \dfrac{1}{n\times 2^n} - \dfrac{1}{(n+1)2^{n+1}}.$$

（六）$a_n(1+a_n)=a_{n+1}$（一般取倒数裂项，得轮换式）

$\because \dfrac{1}{a_n} - \dfrac{1}{a_n+1} = \dfrac{1}{a_{n+1}}$，

$\therefore \dfrac{1}{a_n+1} = \dfrac{1}{a_n} - \dfrac{1}{a_{n+1}}$.

综上：以上几类皆需构造轮换式，从而在数列求和、放缩时一步到位，有些不可在 $n=1$ 或 $n=2$ 时进行放缩，需要按情况而定.

二、等比数列求和放缩

（一）3^n-2^n 型

$$\begin{cases} 3^n-2^n = 3\times 3^{n-1} - 2\times 2^{n-1} > 3\times 2^{n-1} - 2\times 2^{n-1} = 2^{n-1}, \\ 3^n-2^n = 3\times 3^{n-1} - 2\times 2^{n-1} > 3\times 3^{n-1} - 2\times 3^{n-1} = 3^{n-1}. \end{cases}$$

$\sum$ 类型题则求和.

注：一般 $\displaystyle\prod_{k=1}^{n}(a_k) > f(n)$ 皆需转化，如取 $\ln x$.

（二）构造型

1. 证明 $\displaystyle\sum_{k=1}^{n}\left(\dfrac{k}{n}\right)^n < \dfrac{e}{e-1}$.

观察右边式与左边式，将命题加强为 $\displaystyle\sum_{k=1}^{n}\left(\dfrac{k}{n}\right)^n < T_n$，$T_n$ 为一等比数列前 n 项和，$T_n < \dfrac{e}{e-1}$，由 $e^x > x+1$，当 $x=\dfrac{-k}{n}$ 时，$e^{\frac{-k}{n}} > \left(\dfrac{-k}{n}+1\right)$.

$\therefore e^{-k} > \left(1-\dfrac{k}{n}\right)^n = \left(\dfrac{n-k}{n}\right)^n$，

$\therefore \displaystyle\sum_{k=0}^{n-1}\left(\dfrac{n-k}{n}\right)^n < \sum_{k=0}^{n-1}(e^{-k}) = \dfrac{e}{e-1}\left(1-\dfrac{1}{e^n}\right) < \dfrac{e}{e-1}$.

2. 证明 $\dfrac{27}{4}\left(\dfrac{a-a^n}{1-a}\right) < \displaystyle\sum_{k=1}^{n}\left(\dfrac{1}{a^k-a^{2k}}\right)(0<a<1)$.

观察左边式,将命题加强为 $\sum\limits_{k=1}^{n}\dfrac{1}{a^k-a^{2k}}>T_n\geqslant\dfrac{27}{4}\left(\dfrac{a-a^n}{1-a}\right)$(其中 T_n 为等比数列 $\{b_n\}$ 的前 n 项和).

$\because\dfrac{27}{4}\left(\dfrac{a-a^n}{1-a}\right)<\dfrac{27}{4}\left(\dfrac{a-a^{n+1}}{1-a}\right)=\dfrac{27a}{4}\left(\dfrac{1-a^n}{1-a}\right)$,

$\therefore\{b_n\}$ 的通项为 $\dfrac{27}{4}a^n$,

$\therefore$ 只需构造函数 $p(x)=\dfrac{1}{x-x^2}-\dfrac{27}{4}x$,

证明 $p(x)>0\Rightarrow\left(\dfrac{1}{a^n-a^{2n}}\right)>\dfrac{27}{4}a^n$,再求 $\sum$ 即可.

3. 将 $\dfrac{2^n-1}{2^{n+1}-1}$ 缩小.

$\because\dfrac{2^n-1}{2^{n+1}-1}=\dfrac{\frac{1}{2}(2^{n+1}-1)-\frac{1}{2}}{2^{n+1}-1}=\dfrac{1}{2}-\dfrac{1}{2^{n+2}-2}$,

2^{n+2} 指数幂过高 $\Rightarrow$ 要降幂,

$\therefore\dfrac{1}{2}-\dfrac{1}{2^{n+2}-2}=\dfrac{1}{2}-\dfrac{1}{4\times2^n-2}=\dfrac{1}{2}-\dfrac{1}{3\times2^n-2+2^n}>\dfrac{1}{2}-\dfrac{1}{3\times2^n}$.

三、二项式定理的综合型放缩

一般地,有 $2^n=(1+1)^n=C_n^0+C_n^1+\cdots+C_n^n$; $\left(\dfrac{3}{2}\right)^n=\left(\dfrac{1}{2}\right)^0C_n^0+\cdots+\left(\dfrac{1}{2}\right)^nC_n^n$.

1. $\dfrac{1}{n^2+2^n}$ 型.

观察分母有 n^2、2^n,可以将 $2^n\to pn(n+q)$ 型,再进行裂项放缩.

$\because\dfrac{1}{n^2+2^n}$ 中有 $(1+1)^n>C_n^0+C_n^1+\cdots+C_n^n\geqslant2n(n\geqslant1)$,

$\therefore\dfrac{1}{2^n+n^2}<\dfrac{1}{n^2+2n}=\dfrac{1}{n(n+2)}=\dfrac{1}{2}\left(\dfrac{1}{n}-\dfrac{1}{n+2}\right)$.

此类为将 $a^n\to n^p$,从而构造裂项通式.

2. $3^n - 2^n \geqslant C_n^0 2^0 + C_n^1 2^1 + \cdots + C_n^n 2^n - 2^n \geqslant n 2^{n-1} \geqslant 2^n (n \geqslant 2)$.

从而进行数列求和,证明不等式.

3. C_n^r 与 $x + \dfrac{1}{x}$ 的联会.

如: $\left(x + \dfrac{1}{x}\right)^n - \left(x^n + \dfrac{1}{x^n}\right) \geqslant 2^n - 2$,

$\left(x + \dfrac{1}{x}\right)^n = C_n^0 x^{-n} + C_n^1 x^{2-n} + \cdots + C_n^n x^n$.

观察项中的 x 互为倒数,联想均值不等式.

$\therefore$ 利用倒序相加,即 $2\left(x + \dfrac{1}{x}\right) = C_n^0(x^{-n} + x^n) + \cdots + C_n^n(x^n + x^{-n})$,

$\therefore 2\left(x + \dfrac{1}{x}\right)^n - 2\left(x^n + \dfrac{1}{x^n}\right) \geqslant 2(C_n^1 + \cdots + C_n^{n-1})$

$= 2(C_n^0 + \cdots + C_n^n - 2) = 2 \times 2^n - 4 \Rightarrow \left(x + \dfrac{1}{x}\right)^n - \left(x^n + \dfrac{1}{x^n}\right) \geqslant 2^n - 2$.

4. 证明 $(x^2 + 1)^{n-1} - \dfrac{x^{2n} - 1}{x^n - 1} \geqslant 0 (n \geqslant 2)$.

此类问题皆是将 x^n 型降幂到 n^2、n^3 等.

可以裂项或者利用二项式定理中的不等元素进行放缩.

例1 构造等比数列

(2012 四川理 22 第三问)当 $0 < a < 1$ 时,比较 $\displaystyle\sum_{k=1}^{n} \dfrac{1}{f(k) - f(2k)}$ 与

$\dfrac{27}{4} \times \dfrac{f(1) - f(n)}{f(0) - f(1)}$ 的大小,$f(n) = a^n$.

即比较 $\displaystyle\sum_{k=1}^{n} \dfrac{1}{a^k - a^{2k}}$ 与 $\dfrac{27}{4} \times \dfrac{a - a^n}{1 - a}$ 的大小.

$\because \dfrac{a - a^n}{1 - a} < \dfrac{a - a^{n+1}}{1 - a} = a\dfrac{1 - a^n}{1 - a}$,即比较 $\dfrac{1}{a^n - a^{2n}}$ 与 $\dfrac{27}{4} a^n$ 的大小,

构造函数 $p(x) = \dfrac{1}{x - x^2} - \dfrac{27}{4} x$,判断 $p(x)$ 的符号,从而证明.

例2 裂项放缩型

在 $\{a_n\}$ 中,$a_1 = 1$,$a_2 = \dfrac{1}{4}$,且 $a_{n+1} = \dfrac{(n-1)a_n}{n - a_n} (n = 2, 3, \cdots)$. 求:

(1)求 a_n 通项;(2)证明 $n \in \mathbf{N}^*$, $n \geqslant 2$,有 $\sum\limits_{k=2}^{n} a_k^2 < \dfrac{1}{6}$.

解 (1)(本题有多种方法,以下仅采用裂项方法)

$\because \dfrac{1}{a_{n+1}} = \dfrac{n-a_n}{(n-1)a_n}$(构造轮换式,此类一般构造辅助数列),

$\therefore \dfrac{1}{a_{n+1}} = \dfrac{n}{(n-1)a_n} - \dfrac{1}{n-1}$,

$\therefore \dfrac{1}{na_{n+1}} = \dfrac{1}{(n-1)a_n} - \dfrac{1}{n(n-1)}$(将 n 和 $n-1$ 轮换),

$\therefore \dfrac{1}{na_{n+1}} - \dfrac{1}{(n-1)a_n} = \dfrac{1}{n} - \dfrac{1}{n-1}$,

$\therefore \sum\limits_{k=1}^{n} \left(\dfrac{1}{ka_{k+1}} - \dfrac{1}{(k-1)a_k} \right) = \dfrac{1}{n} - 1 \Rightarrow a_n = \dfrac{1}{3n-2}$.

(2) $\because a_n^2 = \dfrac{1}{(3n-2)^2} \leqslant \dfrac{1}{(3n-4)(3n-1)} = \dfrac{1}{3} \left(\dfrac{1}{3n-4} - \dfrac{1}{3n-1} \right)$,

$\therefore \sum\limits_{k=2}^{n} a_k^2 \leqslant \dfrac{1}{3} \left(\dfrac{1}{2} - \dfrac{1}{3n-1} \right) < \dfrac{1}{6}$.

例3 综合型

(2013 绵阳二诊理 21) $\{a_n\}$ 满足 $a_1 = 1$, $a_{n+1} = \left(1 + \dfrac{1}{2^n} \right) a_n + \dfrac{1}{n^2}$,证明 $a_n < \mathrm{e}^{\frac{11}{4}}$.

证明 此处与 e 有关,线索有 $\Rightarrow$
$\begin{cases} 1. \text{ 放缩后取作指数;} \\ 2. \text{ 通过关于 1 的等比数列求得;} \\ \quad (\text{可能性不大,} \dfrac{11}{4} \text{ 是个具体的值}) \\ 3. \text{ 通过 } \mathrm{e}^x \geqslant x+1 \text{ 与 } \ln x \leqslant x-1 \\ \quad \text{放缩得到.} \end{cases}$

$\because a_{n+1} - a_n = \dfrac{1}{2^n} a_n + \dfrac{1}{n^2} > a$,

$\therefore a_n \geqslant a_1 = 1$. (设法将 $\dfrac{1}{n^2}$ 甩掉)

$\therefore a_{n+1} \leqslant \left(1 + \dfrac{1}{2^n} \right) a_n + \dfrac{1}{n^2} a_n = \left(1 + \dfrac{1}{n^2} + \dfrac{1}{2^n} \right) a_n$.

通过取对数法得 $\ln a_{n+1} \leqslant \ln\left(1+\dfrac{1}{n^2}+\dfrac{1}{2^n}\right)+\ln a_n$

$\Rightarrow \ln a_{n+1}-\ln a_n \leqslant \ln\left(1+\dfrac{1}{n^2}+\dfrac{1}{2^n}\right)$.（接下来应该要求 $\sum$，但右边为对数，通过 $\ln x \leqslant x-1$ 甩掉对数）

$\therefore \ln a_{n+1}-\ln a_n \leqslant \ln\left(1+\dfrac{1}{n^2}+\dfrac{1}{2^n}\right) \leqslant \dfrac{1}{n^2}+\dfrac{1}{2^n}$，（故需要裂项）

$\therefore \ln a_{n+1}-\ln a_n < \dfrac{1}{n-1}-\dfrac{1}{n}+\dfrac{1}{2^n}(n\geqslant 2)$，

（$n\geqslant 2$ 时才能利用这一步放缩，并联想到 $\dfrac{11}{4}$）

$\therefore \displaystyle\sum_{k=1}^{n}(\ln a_{k+1}-\ln a_k) < \sum_{k=1}^{n}\dfrac{1}{k^2}+\sum_{k=1}^{n}\dfrac{1}{2^k} < 1+\dfrac{1}{4}+\left(\dfrac{1}{2}-\dfrac{1}{3}+\dfrac{1}{3}-\dfrac{1}{4}+\cdots+\dfrac{1}{n-1}-\dfrac{1}{n}\right)+\sum_{k=1}^{n}\dfrac{1}{2^k}=\dfrac{7}{4}-\dfrac{1}{n}+1-\dfrac{1}{2^n}=\dfrac{11}{4}-\dfrac{1}{n}-\dfrac{1}{2^n}<\dfrac{11}{4}$，

$\therefore \mathrm{e}^{\ln a_{n+1}} < \mathrm{e}^{\frac{11}{4}}$，即 $\mathrm{e}^{\ln a_n}=a_n<\mathrm{e}^{\frac{11}{4}}$.

例4 二项式类

已知 $\dfrac{1}{S_n}=\dfrac{1}{(2n-1)(2^n+1)}$. 求证：$\displaystyle\sum_{k=3}^{n}\dfrac{1}{S_k}<\dfrac{1}{10}(n\geqslant 3)$.

证明 $\because \dfrac{1}{S_n}=\dfrac{1}{(2n-1)(2^n+1)}$，$2^n=\mathrm{C}_n^0+\mathrm{C}_n^1+\cdots+\mathrm{C}_n^{n-1}+\mathrm{C}_n^n\geqslant \mathrm{C}_n^0+\mathrm{C}_n^1+\mathrm{C}_n^{n-1}+\mathrm{C}_n^n=2n+2>2n+1(n\geqslant 3)$，

$\therefore \dfrac{1}{S_n}<\dfrac{1}{(2n-1)(2n+1)}=\dfrac{1}{2}\left(\dfrac{1}{2n-1}-\dfrac{1}{2n+1}\right)$，

$\therefore \displaystyle\sum_{k=3}^{n}\dfrac{1}{S_k}<\dfrac{1}{2}\left(\dfrac{1}{5}-\dfrac{1}{2n+1}\right)=\dfrac{1}{10}-\dfrac{1}{2(2n+1)}<\dfrac{1}{10}$.

（指导教师　翟信旗）

参考文献

1. 郑君文. 数学学习论【M】. 南宁:广西教育出版社,1996.
2. 郑毓信. 数学方法论【M】. 南宁:广西教育出版社,1999.
3. 罗增儒. 数学解题学引论【M】. 西安:陕西师范大学出版社,2001.
4. 周春荔等. 数学创新意识培养与智力开发【M】. 北京:首都师范大学出版社,2000.
5. 郑隆炘等. 数学思维与数学方法论概论【M】. 武汉:华中理工大学出版社,1997.
6. 李镇西. 做最好的老师【M】. 南宁:漓江出版社,2008.
7. 阿达玛. 数学领域中的发明心理学【M】. 大连:大连理工大学出版社,2008.
8. 杨世明等. MM 教育方式【M】. 香港:香港新闻出版社,2002.
9. 徐沥泉. 教学·研究·发现—MM 方式演绎【M】. 北京:科学出版社,2004.
10. 周鸿生. 检查习题解答的若干方法【J】. 数学通报,1987,3.
11. 王华神. "解题反思"思什么【J】. 福建中学数学,2006,9.
12. 王松琼. 关于数学题解结果的检验方法【J】. 考试周刊,2010,14.
13. 王淑凤,黄加卫. 议数学解题中的三个关键点【J】. 数学通报,2007,12.
14. 王悦钢. 非智力因素与学生的数学学习【J】. 四川教育学院学报,2004,12.
15. 张艳羽. 小议高中数学学习习惯【J】. 教育科学,2012,6.
16. 李明振. 中学数学学习态度探讨【J】. 贵州师范大学学报,1992,3.
17. 孙悦. 培养数学学习习惯提高课堂教学实效性【J】. 教育实践与研究,2011,7.
18. 韩永柱. 激发动机让学生快乐学习高中数学【J】. 数学学习与研究,2012,9.
19. 王正慧. 高中数学情感教学的探讨与研究【D/OL】. http://d. wanfangdata. com. cn/ Thesis D043337. aspx.
20. 张娟. 高中数学教学中学生非智力因素的培养研究【D/OL】. http://cdmd. cnki. com. cn/Article/CDMD - 10065 - 2007169013. htm.
21. 严正香. 数学教学中学生非智力因素培养的方法探索【D/OL】. http://cdmd. cnki. com. cn/Article/CDMD - 10511 - 2003086379. htm.
22. 郭青初. 简约而不简单【J】. 试题与研究(高中数学),2010,29.
23. 郭青初. 妙用数学结合思想巧解数学题【J】. 试题与研究(高中数学),2012,2.
24. 郭青初. 例说高考热点之数形结合思想【J】. 试题与研究(高中数学),2010,11.
25. 郭青初. 浅议证明不等式的若干策略【J】. 中学数学教育(高中版),2006,4.

后记

　　历时一年,本书终于与广大读者见面,作为作者团队,我们感到十分欣慰,十分感谢,但也有丝丝惶恐.欣慰的是,我们从沙龙智慧碰撞到研究课题确立,到本书框架拟定,到分头撰写相关章节,各位同仁都热情高涨、积极参与、献智献策,确保了本书按时、较高质量地完成;感激的是,我们在撰写过程中,得到了一些专家的悉心指点,西华师范大学教授何中全、汤强,无锡教研中心徐沥泉等专家为本书的研究方向进行了关键的指点,对本书的研究价值进行了充分的肯定,极大鼓励了我们写好本书的信心.同时,我们在写作过程中还参阅了国内外大量专著,借鉴了一些优秀的科研成果,在此我们深表感谢!

　　由于拔尖创新人才培养是一项全新的工程,本书只是众多探索的成果之一,其中难免有一些问题研究不够深入,一些关键还没突破,甚至可能还存在一些问题或错误.我们恳请各位专家同仁能给予宝贵的批评、指正!

编　者

2013 年 8 月